最美的遇见
小学语文
阅读教学的观与议

李玉勤　著

安徽师范大学出版社

· 芜湖 ·

图书在版编目（CIP）数据

最美的遇见：小学语文阅读教学的观与议 / 李玉勤著.
—芜湖：安徽师范大学出版社，2018.5
ISBN 978-7-5676-3483-1

Ⅰ.①最… Ⅱ.①李… Ⅲ.①阅读课—教学研究—小学
Ⅳ.①G623.232

中国版本图书馆CIP数据核字（2018）第069568号

最美的遇见——小学语文阅读教学的观与议　　　　李玉勤　著

责任编辑：何章艳
封面设计：赵俊凯
出版发行：安徽师范大学出版社
　　　　　芜湖市九华南路189号安徽师范大学花津校区
网　　址：http://www.ahnupress.com/
发 行 部：0553-3883578　5910327　5910310（传真）
印　　刷：浙江新华数码印务有限公司
版　　次：2018年5月第1版
版　　次：2018年5月第1次印刷
规　　格：700 mm×1000 mm　1/16
印　　张：12
字　　数：225千字
书　　号：ISBN 978-7-5676-3483-1
定　　价：42.00元

最美的遇见　最真的课堂

　　随着课程改革的不断深入，更加强调以核心素养为本，语文课程深层次变革势在必行。在这场改革中，有一群人积极探索，更新观念，敢于创新，善于实践，提炼出新的教学模式和教学策略，大大提高了教学质量。李玉勤老师便是其中的一位。知晓玉勤老师，源于1996年安徽省"教坛新星"评选活动。作为一名农村教师，他的课堂朴实而灵动，充分彰显其匠心独具，因此一举折桂，荣获安徽省首届"教坛新星"称号。2001年，优秀的他成为天长市小学语文教研员。2005年，作为滁州市小学语文教研员的我有更多的机会深入了解玉勤老师。在一次次的合作共事与真诚交流中，我深深感受到他是一位有理想、有激情、有行动、有智慧的小学语文教研员。30年痴情于小学语文教育，辛勤耕耘，2016年被评为安徽省特级教师。

　　2018年1月，欣闻玉勤老师所著的《最美的遇见——小学语文阅读教学的观与议》即将出版。捧读厚厚的书稿，我看到一位行者在小学语文阅读教学实践中上下求索。阅读是人生中获取知识、掌握语言、增长智慧、陶冶情操的重要途径，是提升学生综合素养的必要渠道。阅读教学在语文课程中占有举足轻重的地位，探索阅读教学规律，对提升小学语文教学质量，无疑具有不可低估的作用。玉勤老师撰写的这本书为我们提供了极为丰富、可供学习的研究资料，是语文课程改革实践中的宝贵财富。

　　玉勤老师以课程标准为据，坚持理论联系实践，从语文学科核心素养出发，审视当下小学语文阅读教学，在变革中探寻小学语文阅读教学的真谛，以教学理念、教材处理、教学程序、教学策略、课堂模式为经，以文体类型、教学案例为纬，循序构建立体多元的阅读教学体系。这些新思想、新模式、新策略，比较完整地表达了玉勤老师对小学语文阅读教学的解读，切合一线教师的专业发展需求。

　　《最美的遇见——小学语文阅读教学的观与议》由独立主张、经典案例、名师点评精细架构而成，并将先进的教育理念和方法巧妙融入生动的教学情境中，流畅的语言，自然的叙述，客观的评述，深入浅出，娓娓道来，易于教师吸纳。书中有大量优质教学案例，其中有些案例已在全国或省级小学语文课堂教学大赛中获得特等奖、一等奖。这些案例坚守课程特质，坚持"生本"立场，以学为主，因学设教。正如玉勤老师在书中所说："回归生活、回归主体、回归生命是语文教学的最佳境界。"年轻教师通过阅读这本书可以学到基本的阅读教学章法，可以结合实践学习并改进教学行为，可以遇见最美的语文课堂。

我坐在斜阳浅照的阳台上，读着《最美的遇见——小学语文阅读教学的观与议》，仿佛看见玉勤老师带着一群奋进的小语人在语花芳桥中走来。

胡晓燕

2018年2月

（胡晓燕，安徽省滁州市教育体育局教研室主任，小学语文教研员，教育硕士，正高级教师，安徽省特级教师，安徽省"教坛新星"）

目　录

教学主张篇

案例赏析篇

教学主张篇

一　审视·核心素养与小学语文阅读教学

2014年3月，教育部颁布了《关于全面深化课程改革落实立德树人根本任务的意见》，提出了"核心素养"的概念。该文件把研究制定学生发展核心素养体系作为推进课程改革的关键领域和主要环节之一。2016年9月，《中国学生发展核心素养研究成果》正式发布。这项历时三年的研究成果，对中国学生发展核心素养的内涵、表现、落实途径等做了详细阐释。学生发展核心素养指学生应具备的、能够适应终身发展和社会发展需要的必备品格和关键能力，是关于学生知识、技能、情感、态度、价值观等多方面要求的综合表现。研究学生发展核心素养是落实立德树人根本任务的一项重要举措，也是适应世界教育改革发展趋势，提升教育国际竞争力的迫切需要。

（一）核心素养提出的背景

核心素养的提出是基础教育课程改革的创新点和突破点。其创新在于，以核心素养为统摄，使教育"立德树人"的育人价值更加凸显；其突破在于，它是课程"三维目标"的整合。自从21世纪初新课程改革以来，课程的"三维目标"已经尽人皆知，但人们往往只在学科教学的文本知识中去寻找它，将它机械地割裂开来，并且存在贴标签的现象。核心素养作为课程育人价值的集中体现，贯穿于课程目标、结构、内容、教学实施以及质量标准与评价的整个过程中。"三维目标"可以在核心素养的目标下，在整个教学过程中得以完整体现。因此，核心素养是"三维目标"的整合和提升。

（二）核心素养的内涵理解

核心素养是学生的必备品格和关键能力，因而明确理解学生发展核心素养，一方面可通过引领和促进教师的专业发展，改变当前存在的"学科本位"和"知识本位"现象，另一方面可帮助学生明确未来的发展方向，激励学生朝着这一目标不断努力。

中国学生发展核心素养，以科学性、时代性和民族性为基本原则，以培养"全面发展的人"为核心，分为文化基础、自主发展、社会参与三个方面。综合表现为人文底蕴、科学精神、学会学习、健康生活、责任担当、实践创新六大素养。各素养之间相互联系、相互补充、相互促进，在不同情境中整体发挥作用。根据这一总体框架，可针对学生年龄特点进一步提出各学段学生的具体表现要求。

（三）语文学科的核心素养

在当下现有的课程体系中，核心素养的培养依托于各学科的具体课程来承担。于是，在核心素养这个大背景下，衍生出各个学科的核心素养。语文学科的核心素养是什么？采取何种语文教学才能有效提升学生的语文核心素养？这是每一位语文教师应该思考的问题。

1.语文核心素养的构成

课程标准指出，语文课程致力于培养学生的语言文字运用能力，引导学生丰富语言积累，培养语感；发展思维能力，学习科学的思想方法；培养健康的审美情趣和创新精神、合作精神；选择和传承中华民族优秀文化传统，增强民族文化认同感、凝聚力和创造力。语文课程作为人文科学领域内的基础课程，它的课程价值体现在从语言建构与运用、思维发展与提升、审美鉴赏与创造、文化理解与传递四个方面为学生今后的学习做好准备，使学生养成终身学习与发展所需要的品质，形成学生的语文核心素养。

第一，语言建构与运用的核心素养表现为对语文学科中语言文字的运用能力。语言文字运用能力是指"学生了解汉语和汉字的特征，具备能够根据语言文字的特性使用它们以完成与语言文字相关活动所必需的个性心理特征。从外延上来讲，语言文字运用能力是一种综合能力，它是学生在进行语言文字运用活动时所需要的各种能力的总和"。语言文字运用能力是学生进一步学习的基础。通过对这种能力的学习，学生才能为培养语感、理解阅读、交流沟通奠定基础。

第二，思维发展与提升的核心素养表现为掌握学习语文的基本方法，养成良好的学习习惯，发展思维能力。学生通过阅读课文，能够把握文章的主要内容，体会课文表达的思想感情，能对课文中不理解的地方提出疑问，能与老师和同学交流，并在交流中反思和提高。语文思维能力是指语文教学和实践中的思维能力，包括阅读能力、写作能力、口语交际能力等。

第三，审美鉴赏与创造的核心素养表现为审美者"在社会实践活动中充分发挥自己的主观能动性，认识、掌握'美的规律'，并利用'美的规律'来表现和创造美的能力"。学生作为审美者的一部分，通过语文教学实践，提升思想道德修养和审美情趣，形成良好的个性和健全的人格。

第四，文化理解与传递的核心素养表现为在语文课程内容的价值取向上，要继承和发扬中华民族优秀的文化传统。站在这样的立足点上审视课程，课程就是一种着眼于未来的文化设计，我们选择了什么样的课程，就含有什么样的塑造未来社会公民的期望。语文课程的价值导向在于育人，它不仅要学生形成良好的个性和健全的人格，还要增强学生对祖国文化的认同，博采众长，对中国优秀文化做出更好的选择和传递。

2.小学语文核心素养的定位

小学语文作为基础学科，主要从语文知识、语言积累、言语技能三个方面来培养小学生的语文素养。小学语文素养是小学生语文能力、语文积累、语文知识、学习方法、学习态度和习惯以及认识能力和人文素养等方面的综合体现，主要包括字词句段篇的积累，语感，思维品质，语文学习方法、学习态度和习惯，识字、写字、阅读、写作和口语交际的能力，文化品位，审美情趣，知识视野，情感态度，思维品质，品德修养，思想观念等内容。这是小学语文学科的基本素养。它是学生学好其他课程的基础，直接关系到学生与社会沟通和交流的程度，也是学生全面发展和终身发展的基础。

那么小学语文核心素养又是什么？人民教育出版社小学语文室主任、中国教育学会小学语文教学专业委员会理事长陈先云先生指出：未来的小学语文教育改革要适应社会发展变革对人才观、语文教育质量观的需求，核心素养就不能面面俱到，不能轻重不分。他从理解、运用、思维与审美四个维度，列出小学语文核心素养清单：

（1）语言理解能力。能读懂文本的主要内容，了解文本表达上的特点；知道积累优美的、有新鲜感的语言材料，具有初步的语感。

（2）语言运用能力。能根据具体语境（语言情境）和任务要求，在口头和书面语言表达中尝试着运用自己获得的言语活动经验，交流顺畅，文从字顺。

（3）思维能力。能在阅读、表达等言语活动中，主动思考；能运用想象与联想，形成对客观事物的初步认识，对语言和文学形象的初步认识，具有初步的评判意识。

（4）初步审美能力。感受到汉字之美，具有热爱祖国语言文字的情感；感受到人性之美——真善美，具有初步的审美体验。

语言理解与运用，处于语文核心素养整体结构的基础层面；语言的发展与思维的发展是相辅相成的，思维能力和审美能力的培养，是以对语言的理解与运用为基础，是在培养、提升语言理解与运用能力的过程中实现的。

我认为，小学语文核心素养是学生在学习运用语言文字的过程中，发展听说读写的能力，掌握语言表达的规律和交流的技巧，即语言素养；是学生随着言语经验的积累与丰富，对语言文字的感受、联想和想象力越来越敏锐，思维、心智和情思同时获得提升，即思维素养；是学生在语文实践活动中，感受到语言文字之美，感受到人性之美，获得文学、文化修养的积淀与初步形成，即审美能力。因此，小学语文核心素养包含学生语言素养、思维素养和审美能力等维度，并以其融合发展为语文课程的核心目标及终极目标。

（四）基于核心素养的小学语文阅读教学

在如此背景和语境下，显然小学语文核心素养的落实，不仅仅是对教学内容的选择和变更，更是以教学理念的转变和学习方式、教学模式的变革为保障。作为基层教研员和一线教师，如何在学习与思辨中理出头绪、汲取养分，让自己每天直面的课堂教学，真正走向"为素养而教""用学科教人"呢？我觉得，就小学语文阅读教学而言，我们要从理解核心素养出发，树立正确的课程意识，对教学理念、教学目标、教材处理、教学程序、教学策略、课堂模式等做出重新审视和积极建构，这是非常必要而且极为关键的。

《义务教育语文课程标准（2011年版）》指出："阅读是运用语言文字获取信息、认识世界、发展思维、获得审美体验的重要途径。阅读教学是学生、教师、教科书编者、文本之间对话的过程。"阅读教学能够在很大程度上助推学生语文核心素养的形成，因而我们要通过阅读教学，让学生学会读书，学会理解，培养学生搜集处理信息、认识世界、发展思维、获得审美体验的能力，提高学生感受、理解、欣赏的能力，丰富学生的语文核心素养，使学生具备终身学习的能力。那么，如何发挥阅读教学的重要功用，并使之在提升学生语文核心素养上有所作为呢？

1.从"学科本位"走向"学生生长"

清晰而准确的课程意识，是课堂教学的核心要素。相对于仅仅关注如何提高教学技巧，如何控制课堂，以便更好达成既定课程目标任务的"教学意识"来说，"课程意识"则是教师在思考和处理课程问题时，对课程价值以及如何实施课程的基本认识，也就是说，树立清晰的课程意识不仅要关注和思考"怎么教"，还要去思考和厘清"为什么教"和"教什么"等问题。

核心素养概念体系的提出，恰恰就是在试图回答，我们的课程改革最终走向何方，最终的落脚点在哪里，我们要培养什么样的人等问题。小学语文作为基础学科，应该站在学生终身学习和发展的视角，为学生的未来打下刚柔相济的基础。一方面，作为人生起步和奠基阶段，应让学生奠定必要的知识、技能、能力等"刚性基础"；另一方面，语文教学又不能止步于此，还要在形成人的积极而强烈的终身学习愿望、确立人生志向、获得精神和心灵的充盈及丰富等"柔性基础"上下功夫。

2.从"授受训练"走向"自主建构"

我们的阅读教学从以讲授为中心转变为以学习为中心的课堂，中间的桥梁是"问题化学习"。"问题化学习"让我们看到，所有的教学必须以学生学习为主线去设计，必须让学生真实的学习过程能够发生并且展开。外界影响的方式，如"授受"或"训练"型，不是素养形成的最佳方式；而从内部激活、主体亲历、实践体验、自主建构的方式，更有利于素养的形成和发展。的确，素养的形成不是简单灌输到学生头脑中的过程，而是学习主体在学习过程中与客体、与情境交互作用的结果。

但是阅读教学中的学生自主构建，不能简单理解为依靠学生自己的能力来读书、学习，而是指在教师的正确引导下，通过创设宽松的学习环境，激发学生的学习兴趣，有意识地增强学生主动学习的意识，培养学生主动学习的方法，养成主动学习的良好习惯，最终提高学生主动学习的能力。学生在教师的主导作用下，发挥主体作用，通过自学、质疑、讨论等方式深入理解课文内容并获得语言文字的综合训练。这一阅读实践活动的核心是启迪学生的思维，从而使学生主动地、创造性地学习，并逐步形成能力，为终身学习打下基础。

3.从"教课文"走向"教语文"

教材是课程内容向教学内容转化的最直接载体，但语文课难教、语文老师难当的一个重要因素是，语文教材是以文选形式编制而成的，教学内容"隐藏"在教材之中，需要语文老师练就"语文的眼光"，对教材进行二度开发，发现教材的语文核心教学价值，提取适当的教学内容组织教学，方能从"教课文"走向"教语文"。当语文课超越了课文内容的解读分析，落实了课程目标，课文便具有了对学生语文课程能力生长的独特意义，每节语文课也才能成为学生语文素养生长序列中的重要一环。

从学习语文的角度来说，学生对教材的阅读过程应该是对作者创作过程的"高速重演"，但文本只有导向功能，没有规定功能，只能指出一条路来。不是学习一篇课文必须写出几篇文章来，但它能提供发展的方向、应用的渠道空间，或者提供运用的案例模式作为示范。一篇课文的教学，关键要看文本在学习读写方面能否给学生当"样子"，即文本阅读能为写作提供哪些条件，打下什么基础，写作能借力于文本中哪些典型又适合学生实际水平的知识和技巧。比如教学《大江保卫战》，虽然不要求立即写一篇通讯报道，但文本发挥的功能要让学生知道：读了这篇课文，我们对新闻报道一类的文章该怎样读、怎样写，心中已经有数了，对怎样写好一个动人场面，也学会了不少方法。这就真正充分发挥了课文的"例子"作用，把学习引向今后的生活和语文实践上。

4.从"爱阅读"走向"善表达"

阅读教学中我们要强化"为写而读"的理念，但在处理"读"与"写"的问题上，我们要谨防"以写作为中心组织教学"的极端做法。"为写而读"不是用"写"取代"读"，而是为"写"来选择"读"、改造"读"，本质还是"读写结合"。

阅读就是用已有的经验与文本对话，这本身既是阅读行为，也是表达行为。因此，阅读教学在理解内容的基础上还要向前走一步——研究怎么写。关注怎么写，可以引导学生发现表达的奥秘，掌握表达的技巧，提高表达的能力。比如教学《给家乡孩子的信》，只把教学的主旨和重点放在了解巴金为人和认清生命价值上，从始至终，甚至只字未提书信的价值意义和读、写书信的方法、策略。试问，难道还有比这更好的学习读、写书信和了解、认识书信的机会吗？我们为什么不抓住并充分利用这个机会呢？本课教学可以浓缩为两个主要活动系列：一是读信活动系列，二是写信活动系列。让学生充分、扎实而又相对完整地参与实践，有利于获取带规律性、可迁移的语文经验，形成真正的"自能读书""自能作文"的语文能力。

小学阶段是一个人的童年阶段，而童年是我们最重要的生命阶段，因为它会为每一个人提供成长的力量。作为小学语文教师，我们有责任以培养"全面发展的人"为核心，在我们的阅读教学中关注"人"，关注"人"的"原生态"成长，要让我们课堂的每一个环节永远都对学生有一种魅力，让学生焕发生命的活力，成为他们生命正常成长的栖息地。语文教学大多是通过阅读教学进行的，而通过阅读教学提升学生的语文核心素养不是一朝一夕的事情，我们教师可以在核心素养理念的引领下，转变教学理念，从分析讲解课文内容变为引领学生获取学习的能力和方法，课堂上多引导学生细读文本、品味词句，培养学生的阅读兴趣和能力。在课堂上有最美的遇见，有最真的收获，让学生感受汉语语言之美，从而从心底里爱上语文。

二　探寻·变革中的小学语文阅读教学

　　什么是阅读？阅读是运用语言文字获取信息、认识世界、发展思维、获得审美体验的重要途径。阅读教学是学生、教师、教科书编者、文本之间对话的过程。阅读教学的重点就是培养学生对语言材料的感受、理解、运用、欣赏、评价的能力。正如课程标准中所指出的：阅读是学生的个性化行为，应引导学生钻研文本，在主动积极的思维和情感活动中，加深理解和体验，有所感悟和思考，受到情感熏陶，获得思想启迪，享受审美乐趣。

　　长期以来，语文教学大多数时间用于阅读教学，但是学生的阅读能力还是不尽如人意。究其原因，还是当前的阅读教学大部分都是在教课文，在分析课文内容。叶圣陶先生说过，我们的课文只是教语文的"载体"，是个"例子"，语文课就是用课文这一"载体"来教学生学习语文。作为小学语文教研员，我一直向老师们强调在小学语文教学中应突出语文课程核心目标——语言文字运用能力培养，积极探索阅读教学"优质高效"的课堂教学策略，实现学科知识到学科素养的蜕变，全面提升学生的阅读理解、审美、批判思维、创造意识等语文综合素养。值得欣慰的是，在近几年的教学调研和教学观摩中，我发现我们身边的小学语文阅读教学在课改理念和核心素养的引领下，教学理念、教学方法、教学模式、目标拟定在悄悄地发生着变革。一线的老师们正怀着一颗"语文"的心去进行阅读教学，让学生沉入情境，感受形象，运用语言，领悟意蕴，产生情感共振，能够被一些词句的色彩所吸引，被语言节奏的强弱所震撼，被情调和风格所倾迷。

（一）变革在诗情画意的情境中

　　诗人荷尔德林说："人，诗意地栖居在大地上。"我想说，语文课堂应该是师生诗意栖居的课堂。语文教学应该努力成为语文的生命诗意飘溢的过程，成为学生的天性诗意盎然的过程，成为教师的劳动诗意弥漫的过程。正如王崧舟所言：

"儿童写诗，诗写儿童。儿童是诗，诗是儿童。儿童写下的，是诗一样的美好生活。诗写下的，是比诗更美好的童年。让儿童诗意地栖居，是语文老师的天职。"没有诗意的语文课是苍白的、枯燥的语文课，是没有语文的语文。所以，我们的语文教学，特别是阅读教学，更要多一些诗意，让我们的每一堂语文课都成为一种诗意的生存和栖居。

"欲把西湖比西子，淡妆浓抹总相宜。"这是赞美素有天堂之称的杭州西湖。《西湖》一文以诗一般的语言，描绘了西湖的秀丽景色，字里行间饱含着作者对西湖风光的喜爱和赞美。教学中应引导学生抓住重点词语和一些比喻句来体会课文的意境和作者的情感。通过"绿、青、淡、浓"等词语想象并读出多彩秀美的画面，体会"层层叠叠、连绵起伏的山峦"的美妙意境；通过"银镜、掠过、一闪一闪"等词的品读，感受"平静的湖面"那独特迷人的美景，感受"绸带飘浮在碧水之上"的神奇，感受"天上人间全都融化在月色里"的朦胧。

语文教学之所以追求诗意，是因为学生的天性是诗意的。"在孩子的眼里，山啊，水啊，星星月亮啊，都是活的，会跑也会飞，会说也会笑。儿童的眼睛，就是喜欢瞧着这陌生的世界。"李吉林老师这样说。李老师曾深情地回忆起自己带着学生看月亮的情景：夜幕降临，孩子们跟着她来到河边，静候月亮缓缓升起。一轮橘黄色的圆月缓缓升了起来，大家一阵欢呼，接着七嘴八舌地用自己的话赞美月亮。李老师一边点评，一边鼓励，之后，又带着孩子们唱起月亮歌。他们手拉着手，在晚风中歌唱，在月华中歌唱，其乐融融……这是诗意的生活，它除了让学生学习语文知识外，还让他们多了一点其他的经历，那一刻成了学生一生中定格的美。

苏霍姆林斯基说过："我一千万次的相信，没有一条富有诗意的、感情的和审美的清泉，就不可能有学生的全面发展。学生思维的天性本身要求富有诗意的创造。美与活生生的思维，如同太阳与花儿一样，有机地联系在一起。"每个人的心灵都蕴藏着素朴的诗，而我们语文阅读教学课堂要做的就是引导学生去发现、去体验、去运用，从而感知、感悟、感受语文的美，共同获得文本精神和言语智慧。

（二）变革在灵动的文本解读里

语文是灵动的生命。回归生活、回归主体、回归生命是语文教学的最佳境界。而实现这一佳境的最终途径就是阅读。阅读教学就是要教师在学生和文本之间架设一座充满生命的桥梁，让学生通过这座桥去探寻求知世界的奥秘，去感受生活的多姿多彩，从而实现情感、态度、价值观的构建和提升。由于学生的生活积淀、文化底蕴、审美情趣千差万别，再加上语文课程丰富的人文内涵，这就决定了他们对材料的理解是多元的。在这一视野下，语文教师首先应该做的是把握好教材，灵动地解读文本。因为只有这样，学生才能受到真正的语言熏陶和感染，也才能真正实现其正常成长。

《青蛙看海》中同为帮助青蛙的两个伙伴——苍鹰和松鼠，其实存在着智慧上的差距。苍鹰告诉青蛙"不登上山顶是看不到大海的"，但没有告诉青蛙如何去实现看大海的愿望，而松鼠就智慧多了。可如何将这样的解读传递给学生，并让学生从中受到启迪呢？

师：苍鹰和松鼠都帮助过青蛙，你们觉得苍鹰和松鼠谁最终会是青蛙的好朋友？

生1：松鼠。因为松鼠告诉了青蛙登山看日出的方法，那就是一个台阶一个台阶地跳。

生2：松鼠还不停地鼓励着青蛙，他让青蛙有了继续登山的信心。

生3：松鼠还和青蛙一起前进，他们同甘共苦终于看到了日出。

师：听了大家的话，我想青蛙一定会认为像松鼠这样的朋友是最值得交往的。你们想不想也成为值得别人交往的好朋友呢？

生：想——

师：说说自己在和小伙伴们相处的时候该怎么做。

生：……

只有坚持对文本的多方位解读、深层次解读、创新性解读，即在尊重文本价值取向的前提下多元解读文本，允许百花齐放而不是死套教参，较好设定教学目标，这样才可以使我们的语文课堂灵动、活泼。于永正老师经常会对学生说："咱们读书要读懂文字背后的内容，要学会思考，学会品味。"教师要教会学生透过语言文字，去解读这个世界的意义，领悟到人生的价值意义。灵动地解读文本，本质就在于强调一种灵动的人生，引导学生善于从寻常生活中去感悟，让生命徜徉其中。

（三）变革在深刻的对话交流时

阅读教学是学生、教师、教科书编者、文本之间对话的过程。这种对话是指学生、教师、文本（作者、编者）之间的一种精神上的相遇，心灵上的碰撞。在课堂中，我们应该积极地给学生创造交流与合作的机会，使学生学会人与人的交往，增强学生的合作互动意识。所以，在教学中我们应该向学生渗透这样的观念：语文阅读不是生活中随意的消遣性阅读，也不是一般的了解性阅读。它应该是一种投入的欣赏性阅读，应当集中全部心智去感受、理解、欣赏、评价文本中的人与事、景与物、理与情。

在执教《我不是最弱小的》时，王老师设计了这样的教学片段："在朗读课文多遍之后，你有没有发现课文中有一句话特别有意思，而且是越读越有味，会是哪一句呢？"

一石激起千层浪，学生纷纷投入课文读起来。

几分钟后课堂上小手如林。有的说："突然，雷声大作，天上飘下几滴雨点，紧接着，下起了倾盆大雨。"有的说："林中旷地附近长着一丛丛野蔷薇，一朵花刚刚开放，粉红粉红的，芳香扑鼻。"……

学生说完，总是用期待的目光盯着他。他一次次的否定引起的是更多表现的激情："我认为是'大雨已经打掉了两片蔷薇花瓣，花儿无力地垂着头，显得更加娇嫩'。这句话把在雨中需要人帮助的花儿写得非常形象，我甚至听到了花儿的呻吟：谁来救我？"……

虽然这位学生回答得是如此出色，但他还是没有肯定，他工整地在黑板上用力写下这几个字："森林里的景色是那么美好"。

板书后，学生先是一愣，然后渐渐有学生举手，脸上有了会意的神情，之后越来越多的同学举手，课堂上气氛热烈起来。

有的说："森林里的景色是那么美好，天空蓝湛湛的，小河碧澄澄的，树木绿茵茵的。"有的说："森林里不仅景色美，人的心灵也美。雨中，爸爸把雨衣给了妈妈，妈妈把雨衣给了萨沙，萨沙又把雨衣给了蔷薇花。传递雨衣，他们传递的是一份情啊！"还有的说："多可爱的小萨沙啊！萨沙将雨衣掀起一角来护住蔷薇花，并自豪地对妈妈说：'现在我不是最弱小的了吧！'"

这一课堂教学片段是在师生之间进行的一种互动与对话，是一个以文本为中介的生命交流和碰撞的过程，是一个课程内容不断生成、课程意义不断提升的过程。"森林里的景色是那么美好"本是句平常的话语，但在师生的互动对话中，这句简单的话语被赋予了丰富的内涵，我们可以感受到语文课堂中师生智慧在流泻，情感在迸发，心灵在交流。

再如教学《蘑菇该奖给谁》的片段：

师：兔妈妈最后应该怎么做呢？

生1：把最大的蘑菇奖给小白兔，因为小白兔敢于和高手比。

师：兔妈妈能不能将最大的蘑菇奖给小黑兔？你们舍得让小黑兔就这样吃小蘑菇？

（一个孩子站起来，吞吞吐吐，欲言又止。）

师：没关系，说出你的看法。

生2：小黑兔也应当得到最大的蘑菇。因为兔妈妈临走时只是让他们两个好好练习跑步，并没有规定他们必须跟谁比。

师：是啊，其实找谁比都是次要的，重要的是要有积极参与练习跑步的热情。小黑兔具备了这一点，大蘑菇自然也应当给他。

新课程是什么？新课程就是对话。对话是什么？对话就是言语的交流，思想的碰撞。阅读教学的对话不是停留在师生一问一答中的，真正的课堂教学对话是一个不断走向深入、走向深刻的对话。应在深刻的对话中提升语文课堂教学的品质，升华学生的生命层次。语文课堂教学就应该在不断的交流、碰撞中展开。我们的课堂应该留下些什么？就是要留住这些思维碰撞时发出的"不一样的声音"。

四、变革在语用教学的关注中

什么叫语用呢？很简单，语用就是语言文字运用。语用教学就是在运用当中学习语言。在水中学游泳，在岸上学不会游泳。同样，我们日常的一节课，40分钟，一篇课文，重点应当放在哪里？我们要转变，要让学生在语言文字运用中学习语文，所以语用教学提倡的是对以往的语文教学进行重构。过去我们的语文课，一节课40分钟，主要的时间都放在了课文内容的理解上。比如讲了什么内容？表达了什么样的思想感情？你从哪些地方看出是表达这种情感？这都是着眼于对课文内容的理解。

比如教学《王冕学画》，很多老师一堂课40分钟至少有30分钟在介绍"王冕到底是怎么样的一个人"，这样的安排，典型的就是着眼于内容理解。这不是语文。你上完课后，孩子们脑袋里留下的就是王冕是个有孝心的人、勤奋的人。这就变成了德育课、思品课。过去绝大多数语文老师的课只到这里就结束了。稍微好一点的老师还进入了语言形式的理解，比如"王冕是个有孝心的人"是通过什么样的表达方式来说明的？

《王冕学画》虽然是一篇写人的文章，但文本第五自然段中的景物描写是作者的神来之笔。景物描写有渲染气氛、烘托主旨、推动情节发展的作用，而且景物描写细致、层次分明，是学习写景的绝好范例。在观察顺序上，由上而下，由天空写到湖水，由山上写到山下；在颜色搭配上，文中写到"黑云""白云""青翠""绿得可爱"，可谓五彩缤纷；在描写手法上，点面结合，既有雨后湖光山色场面的描写，又有湖中花苞点的描写；在炼字用语上，"镶""透""雾气缭绕""岩石掩映""树木葱茏""青翠欲滴""雨水点点""晶莹剔透"等词让人击节叹赏。因此，教学本课时，可以引导学生发现景物描写的表达方法，即文章抓住景物动态变化、色彩缤纷绚丽、位置错落有致的特点，把景物写美、写活。

师：雨后的景色美吗？

生：美。

师：如此美景，作者是怎样生动准确地描写出来的呢？请自由读课文，把你觉得写得特别美的词句圈画下来，思考作者是怎样把景物写美的，并在旁边做批注。

学生读课文做批注。

生1：作者运用词语准确，"镶""透"这两个动词动感十足，写出了天空中光线的变化，让人有身临其境之感。

师：你抓住了景物的动态变化，咱们来看看图片。

生2：文中有许多表示颜色的词语，比如"黑、白、青、绿"，这些表示颜色的词语把景物写得像一幅图画。

师：你关注到景物色彩的变化，这些词语让我们眼前一亮。咱们通过朗读来感受大自然的色彩缤纷吧。

生3：我发现课文按一定的顺序来描写景物，把景物写得错落有致。

师：什么样的顺序呢？

生3：从远到近、从上往下的顺序，方位词分别有天空中、山上、山下、湖里。

师：同学们，这段美景能清晰形象地展现在我们眼前，那是因为作者关注到景物的动态、色彩的绚丽和方位的转换。这样一写，让我们感觉到这雨后的景色就像是一幅规模宏大、意境开阔的画作。咱们来配合读，边读边想象雨后美景的画面。再配上音乐读一读就更妙了。

这个教学片段特别关注文章的表达顺序和表达方法，教师站在语用的角度来教学，引导学生感悟文章的表达方法。通过交流总结，学生领悟了作者将平平常常的景物描写得优美生动的秘诀，还学会了景物描写的要领。

语用教学提倡对以往以思想内容、语言知识为主体的语文教学进行重构。因此，语用教学强调教师在教学中要强化学生的言语实践，要让学生在听说中学会听说，在阅读中学会阅读，在读写中学会读写。不仅要内化语言，还要表现出来，要使用，要运用。

（五）变革在智慧的动态生成中

传统语文课堂教学的一个可取之处就是教师有充分的预设，即充分的备课，但过多强调预设，就使课堂变成了"教案剧"的演出，使原本生动的课堂失去了应有的活力。但这绝不是预设的错，要实现新课程倡导的动态生成的理念，就得充分发挥预设的作用。课前做最充分的准备，多预设"如果"，多预设"怎么办"，课堂上教师就会更有自信、更有机智。教师的预设越充分，转化成有效的课堂生成的可能性就越大。一个有效的课堂教学过程不是教学预案完美体现的过程，而是一个不断动态生成的过程。教师在课堂教学中，因时而异，因情而变，抓住课堂中的一些教育契机，和学生一道共同构建起灵活开放与生成发展的课堂，让学生在充满智慧的生成中成长。

《英英学古诗》中李白的《静夜思》这首诗对于学生来说很熟悉。诗的意思文中写得也很明白。这样的课文花点时间读就行了，但能不能让学生从中生成些什么呢？

师：除了《静夜思》，我们还学过李白的哪首诗？

（生背《古朗月行》。）

师：再读一读这两首诗，看看你发现了什么？

生：这两首诗都是写月亮的。

师：李白不愧是大诗人啊！他善于想象，在他的眼里，月亮就像白玉做的盘子，就像仙人用的一面镜子，月光就像白色的秋霜，多么富有诗情画意啊！现在，让我们也来张开想象的翅膀，想一想月亮像什么。

生1：月亮像一个圆圆的大雪球。

生2：月亮像一只断了线的气球，飘在天上。

师：你们想象的都是月亮圆的时候。然而，古人云：月有阴晴圆缺。那弯弯的月亮会让你想到什么呢？

生1：弯弯的月亮像弯弯的香蕉。

生2：弯弯的月亮像太阳公公剪下的一片指甲。

一个月亮，一段美丽的生成。阅读教学的课堂教学，就应该让学生从中感知美、发现美，这也是语文人文性和审美性的具体体现。只有关注课堂的教师，才能有智慧地去生成一些教学资源，从而激活学生主体，让他们在智慧的动态生成中，去自主地关注生活，提升自身价值，成就生命正常成长。

（六）变革在真情流动的情感里

苏霍姆林斯基说过："情感如同肥沃的土壤，知识的种子就播种在这个土壤上。"语文学习要注重情感体验，发展思维能力，激发潜在想象力，在阅读中感受到高尚情操和趣味的熏陶，丰富自己的精神世界。我常想，一部没有浸泡过作者泪水的文学作品，又怎么可能使读者热泪滚滚呢？同样，一个没有激情的教师，如何能调动学生的情感，让学生充满热情地学习呢？语文课堂中如果能把情感因素与智力因素结合起来，必能大大激发学生对智力活动的兴趣，提高课堂教学效率。

很喜欢苏教版语文五年级下册中的《月光启蒙》，文章以"启蒙"为线索，条理清晰，语言优美，读来耐人寻味。作者通过回忆童年夏日的夜晚，母亲伴着明月星光为他唱歌谣、讲故事、说童谣、猜谜语的动人情景，表达了对母亲启蒙教育的感激和怀念之情。

上课时，董老师用多媒体创设夏夜美妙的情境，播放母亲轻轻吟唱的歌谣，然后让学生谈听完歌谣后的体会和感受，再重点品读描写母亲歌声的段落。美妙的夏夜、动听的歌谣，引领学生走进了温馨、亲切的语文课堂。而语言的感悟和情感的体验是紧密相连的。情境的创设，点燃了学生的情感，为学生理解文本、感悟文本、内化语言提供了桥梁和纽带。

歌谣结束后，教室里静寂一片，在学生的内心正有一股情感的力量在涌动。于是董老师对课文进行再度开发，用多种方式，从多种角度解读文本，如：用"因为……所以……"的句式分析母亲为什么是我的启蒙老师；用"谢谢您，母亲……"的句式说话，表达对母亲的感激之情。当学生和着音乐齐声诵读："谢谢您，母亲，您用一双勤劳的手为我打开了民间文学的宝库，给我送来月夜浓郁的诗情。谢谢您，母亲，您让明月星光陪伴我的童年，用智慧才华启迪我的想象。谢谢您，母亲，您在月光下唱的那些明快、流畅、含蓄、风趣的民歌民谣，使我展开了想象的翅膀，飞向诗歌的王国"时，整个课堂都沐浴在浓浓的真情中。

为什么不把此时的感受写下来？于是董老师安排了学生动笔以"望着那一轮明月，我想起了____，想起了____，想起了____"进行写话。5分钟后，学生情不自禁地朗读起来。这堂课上学生何以能够那样自然地写下自己的读书感怀？也许这便是情动而辞发的体现，是沉入文本，在课堂情境激发下的情感自然流泻。我想此时学生已经读进了作者的情感世界里，把一颗稚气、水一般澄明的心灵放飞于语言的天空里，从而产生感激母亲的情感体验，为人生的未来发展构筑起一座美好的精神家园。

（七）变革在学生个性的张扬中

阅读活动是一个复杂而独特的心理过程，学生作为阅读活动主体，通过对各类文章的个性解读，完成了对文学作品的再创造，是一种寻求理解与自我理解的活动。因此，语文课堂上，学生带着自己的知识、经验以及情感来阅读文本时，自然会产生各种独特的体验，教师要鼓励他们富有个性地学习、理解和探索，让学生在积极主动的思维、体验和情感活动中加深对文本的理解和体验。阅读一篇课文，教师和学生，同样都是欣赏者，只不过所处的层面不同、角度不同，所拥有的生活经历、知识水平不同罢了。阅读是个性化的行为，在阅读教学中，师生是平等的，是可以沟通、对话、交流的。我们教师应当用广阔的心胸来对待学生对阅读课文的理解和感受，不能把"彼"的情感体验强加在"此"的情感体验上。

《真想变成大大的荷叶》是一首富有想象力、充满感情的优美诗歌，展现了孩子们在夏天的美丽遐想，洋溢着浓浓的童真童趣。许老师在执教这一课时，让学生在朗读、观察、想象、美读的过程中，感受语言的优美，体会诗歌的意境，激发学生对美好自然的向往。她在指导完为什么"我最后真想变成大大的荷叶"这一环节后，引导学生想象自己变成了什么，并且能像大荷叶一样给人带来快乐。在一番思考后，学生开始表达自己的想法。孩子们想法独特，个性鲜明。他们有的想变成一台空调，给人们送去清凉；有的想变成一棵大树，给人们遮挡阳光；有的想变成一杯清茶，给人们缓解口渴。其中，有个孩子想变成蜜蜂，给小熊们送去甜蜜。多可爱的孩子，在课堂上他还记得动画片中憨厚的熊大和熊二兄弟呢。而许老师也有自己的想法，她想在炎热的夏天，变成一个池塘，让孩子们在她的怀抱中欢快地游泳。之后，许老师把孩子的想法现场整理成诗歌，带领孩子们快乐地朗读。孩子们读得有滋有味，因为这首诗是他们自己独特想象与愿望的集合。

给孩子多大的舞台，他就能跳出多美的舞蹈。教学不仅仅是一种告诉，更多的是学生的一种体验、探究和感悟。课堂上，千万别让你的"告诉"扼杀了属于孩子的一切！所以，阅读教学要突出学生的主体阅读地位，保证学生宽松、自由、开放的阅读时空，让学生有时间读，有心境读，追求一种读书的无扰与无我，一种从容与自在。我们要珍视学生独特的感受、体验和理解，让学生对阅读产生一种渴望与期待。学生有了阅读的主体意志，才会自我探索、自我发现，也才有了自己的思想，学生才会说："我以为……""我推测……""我补充……""我不同意……"只有有了丰富多彩的"我"，课堂才是缤纷美丽的。

（八）变革在快乐开放的氛围里

多少年来，我们的语文学习是与勤奋、刻苦这样的词语紧紧相连的。让孩子绞尽脑汁地填满试卷的全部答案，让孩子搜肠刮肚地做好课文的所有练习，教师按部就班照本宣科地教授书本内容，抑或深挖硬钻支离破碎地讲解书上知识。沐浴在课改的春风中，我们意识到这绝不是学生需要的、满意的语文课堂。语文课堂绝不只是一本本教科书，广袤美丽的自然、多姿多彩的生活中处处都有语文的影子。我们应该关注学生已有的经验和兴趣，从学生的现实生活和童真世界出发，点燃孩子情感的火花，而学生也只有在享受语文，感受学习语文的快乐中，才能真正地学好语文。

在教学《火星——地球的"孪生兄弟"》时，课前要求学生通过读、问、查等方法收集有关火星的图片、资料，了解关于火星的知识。课程刚开始，让学生自由交流，展示自己课前准备的图片、资料等。学生积极性非常高，有说的、画的、动情描述的、图片展示的……学生在宽松的氛围中展示自己的学习收获、学习成果，他们学得特别兴奋和激动。课中，给学生充分的民主和自由，让他们自主选择学习内容，自主选择学习伙伴和学习方式。面对宽松民主的学习氛围，同学们有的和同桌展开讨论，有的小组交流，有的边读边勾画，有的拿出画纸作画。同学们在自主合作中，在读书、讨论、资料收集和交流中体会到了朗读、合作、竞争、成功等多种乐趣。

课程标准指出：语文课程的建设应继承我国语文教育的优良传统，注重读书、积累和感悟，注重整体把握和熏陶感染，同时应密切关注现代社会发展的需要。拓宽语文学习和运用的领域，注重跨学科的学习和现代科技手段的运用，使学生在不同内容和方法的相互交叉、渗透和整合中开阔视野，提高学习效率，初步养成现代社会所需要的语文素养。因此，阅读教学的课堂应该改变以往"一讲到底"或"一问到底"的传统模式，努力为学生创造更广阔的学习空间，注重学生对语言的感悟、积累和运用，在自主、合作和探索中发展能力，在开放、活泼的语文课程中快乐地学习。我们应该让语文教学从课堂走进学生的生活，让学生生活的过程成为学生学习语文的过程。

综上所述，阅读教学只有走进文本，才能让学生理解、体验并习得文本的语言；只有走出文本，才能让学生内化、迁移别人的语言，甚至创生自己独特的语言智慧，提高语言文字运用能力。阅读教学的主要任务在于引导学生对语言材料进行品读赏析：赏人情，明事理，获取精神的滋养；赏语言，学表达，接受母语文化的浸润，生成语言能力。语文的知识性、审美性、工具性、人文性都可以在阅读教学中体现，若带着欣赏的眼光去品味每一篇课文，让阅读教学成为美妙的旅程，那么语文阅读教学一定能带给学生一次次灵魂的洗礼。

三　转身·教学理念

安徽省小学语文教研员吴福雷说：任何一种教学策略，都有一个共同的追逐点，那就是"简单的复杂"，这是我们"徽派语文"最核心的价值追求。"简单的复杂"是最高境界。"简单的是形式，复杂的是思想。"无论是自然语文，还是句群教学、生本课堂和欣赏语文等，都是在"简单的复杂"理念下，所追求的不同教学方式和风格。"语文教学不奢求一招制胜，要追求招招有根，简约高效。"这"根"便是基于语言文字的运用与实践，这"效"便是语文综合素养的整体提升。以简驭繁、以少胜多是教育的大智慧，是语文的大境界。

我担任小学语文教研员二十余年，采取观课议课、师生访谈、调查问卷、查看资料等多种方式，对小学语文课堂进行调查研究，结果发现：理想的语文教学既要"有意义"，又要"有意思"；既要有扎扎实实的语言文字的理解与运用，又要有在揣摩、遥想、品读、发现、分享中感受到的意味、形象和情感。教学时，要引导学生在语言的体悟中感受其字面意，在形象的体悟中感受其字中意，在情感的体悟中感受其字外意。如此，我们奉送给学生的就是立体的语文、厚重的语文和"有意思"的语文。这样的语文就会被孩子们欣然悦纳，并在内化、转化和融合中形成坚实的语文素养和生长的精神力量。那么如何实现阅读教学这样的"美丽转身"呢？

（一）立足生本理念，打造高效课堂

"生本教育"是郭思乐教授创立的一种教育思想和教学方式。它是为学生好学而设计的教育，也是以生命为本的教育。它既是一种方式，也是一种理念。生本教育就是以生命为本的教育，就是以学为本的教育，把主要依靠教转化为（在教者的帮助下）主要依靠学的教育。生本教育把师生关系处理得十分完美、和谐，教学效果十分显著。崔峦先生在全国第七次阅读教学研讨会上指出："今后一个相当长的时期，语文教学改革的一个重要方面、研究的一个重要课题是：从

'教会知识'转向'教会学习'。"语文作为一门基础学科，包含着丰富的人文内涵，在语文教学，特别是阅读教学中应该充分发挥师生双方在教学中的主动性和创造性，体现语文实践性与综合性，从整体上考虑知识与能力，过程与方法，情感、态度与价值观这三个维度。这就要求我们在教学中要正确地处理基本素养与创新能力的关系。

1.教师观念的转变

郭思乐教授认为我们教育的主流价值观有两个：一是教学价值观，其根本的变化就是以"教"为中心转变为以"学"为中心。生本教育，主张在"教"与"学"的关系中，以"生"为本开展教学活动。二是教育的主流价值观由应试教育转变为素质教育，生本教育主张培养学生的社会能力、学习能力、创新能力、动手能力。作为老师，在进行教学设计时，应该以这些理念为指导，以学生自身各方面的能力发展为教学目标，最终目的不是让学生"听懂了，学会了"，而是"会学了，乐学了"。生本课堂强调教育要从"师本"走向"生本"，要求老师由一个课堂的主讲者，转换为学生学习过程中的一个适时引导者。我们有许多老师在课堂上总是像妈妈一样，唠唠叨叨，生怕孩子们听不懂，总是反反复复地讲个不停。生本教育理念告诉我们，这样的老师太强势，很多时候一厢情愿承担了许多工作，渴望孩子按照自己设计的方向去发展。

郭教授还指出："教育的本质是（在教师帮忙下的）儿童发展。"从这句话中能够看出郭教授对于教师这一主角的重新定位。教师的职责就是帮忙，帮忙的好处仅仅是激发和引导。郭教授引用苏霍姆林斯基的话说："只有能够激发学生去自我教育的教育，才是真正的教育。"生本教育思想，不是要求教师有超出专业要求的多么高的知识水平，而是有激发学生产生学习动力，指导学生学会学习方法的潜力。教师的这种对学生学情的驾驭潜力，是与其在平时教学中不断积累经验、不断进行反思离不开的。教师应当学会恰当地引导孩子做小结，并不是什么都不说，而是要把握好一个度，只有思想上有所转变，才会在课堂教学中有所改变。

2.教学策略的改变

（1）学法的指导。过去我们的课堂教学，在知识学习面前师生并不平等。教师有备而教，学生却没有这方面的知识准备，而且还让学生发言，这样的课堂不平等。所以，学生也要有备而来。有备而来的学，才是平等的课堂。因此，要从观念、策略的高度看"先学"。这里的"先学"，指的是教师把明天要讲的课的教学目的、要求，变成学生先学的一个前置性作业。实际上是把明天的教学要求变成学生先学的一个问题，通过前置性作业的形式，提前布置给学生，让学生先学。例如一位老师在执教《高尔基和他的儿子》一课时，课前使用预习单，这样的"先学"方式可以充分了解学生的学情，以学定教，在充分"备学生"的基础上，紧紧围绕不同层次的学生现状，适时调控课堂。

生本教学倡导的自主学习、合作学习、探究性学习，都是以学生的用心参与为前提，没有学生的用心参与，就不可能有自主、探究、合作学习。实践证明，学生参与课堂教学的用心性，参与的深度与广度，直接影响课堂教学的效果。以往简单的问答式，一问一答，学生好像忙得不亦乐乎，但实际上学生的思维仍在同一水平上重复，师生、生生没有真正互动起来。教师要精心创设情景，巧妙地提出问题，引发学生心理上的认知冲突，使学生处于一种"心求通而未得，口欲言而弗能"的状态。同时，教师要放权给学生，给他们读、想、做、说的机会，让他们讨论、质疑、交流，围绕某一个问题展开辩论。教师应给予学生时间和权利，让学生充分思考，充分表达自己的想法，让学生放开说，并且让尽可能多的学生说，使学生兴奋起来，提高参与的用心性和参与度。在这样用心、主动、兴奋参与的学习过程中，个体才能得到发展。

（2）兴趣的激发。著名教育家苏霍姆林斯基曾说过："让学生把你所教的学科看作最感兴趣的学科，让尽量多的少年像向往幸福一样幻想着在你所教的这门学科领域里有所创造，做到这一点是你应当引以为荣的事。"兴趣是学生发展思维的巨大推动力，是培养学生创新能力的起点。有兴趣的学习不仅能使学生聚精会神，积极思考，而且使学生沉浸在努力解决问题的氛围中，有利于学生思维能力的开发。

小学语文教材所选编的课文大多文质兼美，有的文字清新优美，有的情深意长，有的富含哲理。在阅读教学中，教师可以挖掘教学内容本身的内在乐趣，并依据学生心理特征挖掘语文教材中的诱导因素，开发和利用学生的好奇心，推动学习进程，让学生用自己的思维能力来感知文本。比如执教《真想变成大大的荷叶》第二课时，教师呈现夏日雨后荷叶上的露珠这样美丽的画面，然后轻轻地问孩子们："小雨滴们，你们睡在绿叶上感觉怎么样呀？"教师这样引导，就紧紧抓住了二年级孩子的心，这样，一方面抓住了低年级孩子的认知特点，好奇心重，喜欢富有童趣的语言，另一方面又十分巧妙地让孩子去领悟文本，探寻"为什么作者真想变成大大的荷叶"这个问题。另外，游戏激趣、活动激趣等也是常用的方法。教师应认真挖掘语文教材中能诱导学生学习兴趣的因素，在教学中根据教学内容的需要而灵活运用，激发学生的学习兴趣，诱发学生的创新精神。

（3）能力的培养。在语文课堂教学中，要培养学生的质疑探究能力，从而诱发学生的创新思维，因为当学生以一个探索者、发现者的身份投入学习的思维活动时，往往会在不断获得新知识时迸发创新因素。发现问题，是思维的起步；教会孩子们提问，只是教学的一种手段；解决问题，获得知识，才是教学的目的所在。帮助孩子们质疑解疑，是我们每个教师的职责。在教学过程中，教师要授之以法，使孩子们自解其难，变"有疑"为"无疑"，从而提高质疑兴趣和质疑技巧。

在阅读教学过程中，教师不是把阅读材料呆板地展示给学生，而应该做好各种教学预设，引导学生积极思考。如一位老师在教学《惊弓之鸟》时是这样引疑的：

师：这节课我们继续学习《惊弓之鸟》，咱们既要理解故事内容，又要掌握成语的深刻内涵，还要学会推理，破"惊弓之鸟"案。靠谁破案呢？

生：破案得靠警官。

师：今天，大家都来当一回"小警官"，好吗？（生：好）要破案先得怎样啊？

生：先要找到案子的线索。

生：破案的第一步是先寻找蛛丝马迹，然后顺藤摸瓜，一举侦破。

师：你们说得真好。那么"惊弓之鸟"案的线索是什么？

生：线索是更羸只拉弓，不用箭，就把大雁射下来了。

生：有了弓和箭，才能射到鸟，为什么更羸不用箭，就射下了大雁呢？

师：这个问题提得很好，这就是"惊弓之鸟"案的第一条线索。下面请同学们读读课文，研究研究。

通过创设破案的情境，巧妙地引导学生质疑问难，启发思维，进入新课的学习，将学生的思维引向课文的重点、难点，让学生找出问题的关键所在，激活学生学习的兴趣，培养他们的探究能力。

3.创新思维的培养

著名心理学家托拉斯说："我们要想创造创造力，就需要提供一个友善的和有奖赏的环境，以便使之在其中繁荣发展。"因此，在无拘无束的氛围中阅读，给学生提供自我表现的机会是培养学生创造性思维的重要条件。过去那种满堂灌"填鸭式"的教学方法，只能是教师辛苦，而学生的思维停留在死记硬背的层面，学生对于教材的理解和认识都来自教师滔滔不绝的灌输，很难有自主权，这样，创造性遭到了无情的扼杀，成绩得不到长进，学习能力也是可想而知。我们不如大胆放手，给学生自主学习的机会，还学生自信心，为他们的创造性思维提供宽松的环境和机会，这样能提高他们的学习热情，让他们重拾自信心。

宽松的学习环境应该允许学生带着批判的目光重新审视教材，敢于向书本、向权威挑战，在学习中有所发现、发明、创造，成为有所为的探索者，使主体性发挥实效。应积极鼓励学生不墨守成规，允许学生标新立异。在教学《真想变成大大的荷叶》一课时，老师问："如果真有那么一位有魔力的夏姐姐，也向我们教室里的每一个小朋友提出一个愿望，你想变点儿什么呢？"有个学生说："我什么也不想变，我就喜欢现在的样子，因为做人是世界上最幸福的事情。"面对这样"另类"的回答，老师依然给予这个学生肯定。学生在这个阅读交流过程中想象、思考、进步，表达能力得到锻炼，思想得到启发，情感得到熏陶，语文的人文性和工具性也得到了统一。

我国宋朝教育家朱熹说过："读书无疑者，须教有疑，有疑者却要无疑，到这里方是长进。"这句话很有道理，"学源于思，思源于疑"，产生疑问是学生实现创新能力的前提，也是创新意识的表现。要培养学生的创造性思维，教师除了在教学方法中有所创新，给学生提供良好的思维环境，还离不开一定的问题情境。教师自己要有强烈的问题意识，巧妙地抓住课文耐人寻味的地方，给学生创设问题情境，启发学生想象，鼓励学生大胆地去发现、去创造，只有这样，学生的学习兴趣才能提高，思维才能发展，才能从被动的学习中解脱出来，去接受问题的挑战，主动学习，探索知识的奥秘，使蕴藏在头脑中的智慧的种子发芽、开花、结果。在培养学生创新意识时，还可以多角度、多方面培养学生的创新思维，如"由此及彼，培养思维的开阔性"的联想法，"从反面着眼，注重发散思维训练"的逆向法，"根据已有信息从不同角度、不同方向思考，从多方面寻求多样性答案"的发散思维法。这些都有助于学生形成创新意识。

（二）增强语用意识，提升核心素养

1.语文核心素养的内涵

语文核心素养包括"语言建构与运用、思维发展与提升、审美鉴赏与创造、文化理解与传递"四大内容。在这些核心素养中尤以"语言建构与运用"为语文学科特有素养。这就要求我们应将教学重点放在语言的建构和运用上。

美国哲学家、教育家杜威指出："语言是一种关系。"语言的产生是因人与人之间存在着社会关系，有交往的需要，而语言文字恰好实现了这种关系与需要，这才显示出语言的价值。语言的建构可以理解为构造一个合乎语法的句子，说出一句在一个语言集团中能被理解的句子，这是一个具有语言资质的主体所必须具有的能力。具备语言的建构能力并不意味着就能恰当运用。语言的运用实际上是以相互理解为目标的。语言必须满足一些语用学、商谈伦理等规范才能实现交往的意义。

从语文学科角度出发，"语言建构与运用"这项核心素养，可理解为"出于真诚对话的愿望，准确理解对方的话语形式与话语意图；精确妥帖地运用祖国语言文字表情达意，以进行最有效的交流"。

在教学《李时珍夜宿古寺》时，教师紧扣课后习题厘清文章脉络，指导学生按照事情发展的顺序把课文分为三段，并概括出段落大意。同时教给学生方法："你能用文中的句子概括出意思，这种方法叫作摘句法；你能用自己的话概括出意思，这种方法叫作概括法。"一个短短的教学片段，教给了学生两种不同的归纳段意的方法。像这样，引领学生学习"方法"，进而运用"方法"，最后总结收获，不仅关注了教学的内容与知识层面，还关注了学法的渗透，体现了语文学科的"综合性"特点，是"授之以渔"的教学。从教学方法上来看，整个流程以学生的学习为中心，"以学为本"，始终围绕学习语言文字运用这一课标"核心"做文章。而从学生学习过程上来看，学生在获得了语文知识、方法与技能的同时，发展了自身的语文能力，提升了学科素养。我们还可以更进一步，在教学设计时，有一个整体的把握和突破，紧紧围绕"语用"，从"内容理解—学文悟法—实践操作—迁移运用"等环节真正实现"学会表达、提升必备品格"的语文核心素养的培养目标，最终让学生个体形成独特的、属于他们自己的语文能力。

2.夯实"语用"的面

教学实践表明，小学语文教学改革的走向就是要"回归语言学习，关注儿童发展"。重点表现在四个方面：一是突出语言学习，二是注重语言学习策略，三是要有文体意识，四是要关照儿童的经验世界。而且课程标准中也指出"语言文字运用"是语文学科之特质、语文能力之核心、语文素养之根本，强调语言的实践运用。如果说落实"双基"是教育目标的1.0版，三维目标是2.0版，那么核心素养就是3.0版。

进入教材的课文，都是文质优美的佳作，每一个汉字都浸润着丰富的表象，承载着文化的内涵，不仅寄托着作者的真知灼见，渗透着作者的丰富情感，也在遣词造句、语言表达上独具匠心。因此，在教学中教师要引领学生细读课文，让学生在语言之河中愉快而幸福地畅游，倾听课文发出的细微声响，欣赏课文精湛的语言艺术，感受课文蕴含的人文关怀，揣摩作者的行文思路。此外，教师还应抓住文中的重点词句，引导学生全身心投入诵读、品味与感悟，这有利于提高学生的思维能力、语言能力。如滁州市湖心路小学林莉校长执教《彭德怀和他的大黑骡子》一课时，重现了毛泽东主席写给彭德怀将军的一首诗："山高路远坑深，大军纵横驰奔。谁敢横刀立马？唯我彭大将军！"我以为，林校长只是让学生读读而已，领略一下这位将军的风范。没想到，她让学生像彭德怀一样改造这首诗。这对学生来说是有挑战性的。经过努力，加上老师的点拨，孩子们最终找到了答案——"谁敢横刀立马？唯我英勇红军！"这样的设计，既是语言的训练，情感、态度、价值观的训练，亦是思维的训练。

所以在教学中遇到这样的关键词句，教师要本着对课文语言的高度警觉，用敏感的心去捕捉课文潜在的信息，对每一个字、每一个词、每一句话都不轻易放过，引导学生在具体的语境中，通过诵读、比较、感悟去体味词的内涵，推敲词的精妙，感知词的鲜明形象。此外，在语文阅读教学过程中，应尽可能地挖掘教材的语言因素，让学生随文练笔，学会迁移运用，在运用中巩固语言积累，提升语文素养。毕竟语文学习说到底是培养学生的语文实践能力，这样可以让学生的思维和情感在练笔中发展。

3.精选"语用"的点

中国台湾地区小学语文教育学会原理事长赵镜中先生提出，语文教学应该由"教课文"走向"教阅读"。他认为，语文阅读教学应该重在提升学生的"阅读力"。而"阅读力"包括理解概括能力、联系上下文理解词句的能力、找关键词关键句的能力、读懂言外之意的能力、联系生活经验谈感受的能力、自己搜集背景知识读懂文意的能力等等。

那么，这"阅读力"怎么来提升呢？我们都知道语文是一门"实践性"很强的学科，所以学生"阅读力"的提升，最有效的途径就是大量的阅读实践。让学生在不断地品词析句实践中，通过熏染，日积月累，做足"量"的工作，从而形成敏锐的"语感"，进而发生"质"的改变，达成"阅读力"的提升。一位老师在引导学生理解"饥餐渴饮""晓行夜宿"时，这样设计："饥"是"饿"，"饮"是"喝水"，"饥餐渴饮"的意思是饿了吃饭，渴了喝水。这就是"逐字解释，连字解词"的方法。然后用这样的方法来解释"晓行夜宿"。两个词的意思都表示旅途劳累。而在教学"断垣残壁"时，有这样一个片段：

师："断"这个词你是怎么理解的？

生：我是查字典的。

师：（课件出示一幅图）看到这幅图时，你会用什么词？（在学生头脑中形成直观的"断垣残壁"形象。）

生：断垣残壁。（学生脱口而出。）

师：你能通过自己的朗读，表达出古寺的破败吗？（其实是让学生读出画面。）

师：把你对课文的理解通过你的朗读表达出来。（读出理解。）

学生切身体会到环境之恶劣，查访药材之辛苦。

4.注重"语用"的效

语文是母语教育，这就决定了其具有塑造民族特性的职责，而一个民族能屹立于世界民族之林，一定是以她的文化作为坚强的后盾。所以，才有了"文化理解与传递"是"核心素养"四大板块之一。

2017年6月28至30日，在安徽省义务教育小学语文统编教材的培训会议上，人民教育出版社陈先云主任在其专题讲座中提到：统编小学语文教科书中很注重优秀传统文化内容的选择，就古诗文这方面来说，整个小学阶段共选取优秀古诗文124篇，占所有选篇的30%。这是一个非常惊人的数据。为什么会有这么多的优秀诗文编入教材，一个很重要的原因就是，要激起我们的文化自信，凝聚我们的文化之魂。滁州市2017年小学语文课堂教学大赛，我全程参与了评审工作，从比赛情况来看，我们的参赛教师在文化传承上给予了高度关注。尤其是阅读教学中的汉字教学，一些老师能从字理出发，引导学生认识汉字。比如《夜宿山寺》中"宿"这个会意字，有人这样说："宿"的宝盖头像个家，里面住了一百个人。既记住了字形，又理解了字义。关于通过字理的方式来学习汉字，我们还可以更进一步。北京师范大学文学院教授、博士生导师王宁说："现在的汉字教育存在的问题是，并没有传播汉字本体所携带的文化。"是什么意思呢？他举了"孤独"的"独"这个字。他认为在教学过程中，除了要让学生知道"独"这个字的意思和演变过程，还应该让学生明白，为什么"独"这个字是"犭"旁。因为在古人看来，狗是好斗之物，多是独居，所以就用了"犭"。由此可以看出，在运用字理识字时，不但要让学生知其然，还要让学生知其所以然，这是阅读教学中必不可少的环节。如此，方可让学生在感受中华民族博大精深的传统文化时，能更进一步提升文化品质。

围绕核心素养的语文教学，还应该做好提升学生思维品质和审美品质的工作。在我们的课堂教学中，要通过多种方式，努力让学生张开想象的翅膀，变概括为具体，使他们受到形象的感染、情感的熏陶，思维得以发展。一位老师在教学《大禹治水》时，抓住关键词"淹没""冲倒"，引导学生体会洪水的肆虐；抓住"九条""九座"，引导学生想象禹在治理洪水中吃的辛苦；抓住"13年""三次""十几岁"等，引导学生想象禹为了治理洪水，"三过家门而不入"的情景。引导学生想象：假如你是禹的儿子，你会埋怨父亲吗？禹的妻子会怎么说？和禹一起治水的老百姓会怎么说？此时，你想对禹说什么？在此基础上，提炼出：____的洪水，____的禹！完成了对人物形象的提炼。

如果教学时我们都能从发展学生思维能力这一点入手，引领学生在语文学习的过程中获得对文字的直观体验，学会辨别、分析、比较、概括等基本技能，一定可以最大限度地提升他们的思维品质。

（三）构建学习共同体，翻转精彩新课堂

传统教学中教师是课堂的中心，教师牵着学生走，学生围绕教师转。学生习惯被动地学习，满盘地接受，学习的主动性也渐渐丧失。这种以教师"讲"为中心的教学，抹杀了学生的学习体验，甚至忽略了学生内心的真实感受，是不利于学生潜能开发和身心发展的。

在教育领域中，对学习共同体的初次探讨可追溯到美国著名教育家杜威提出的学校概念。杜威认为："学校即社会""教育即生活经历，学校即社会生活的一种形式"。他认为，教育无目的，学校教育只是一种人与人之间相互交往的过程与社会活动。虽然杜威当时并没有提出学习共同体这一抽象的概念，但他的许多观点与理论成为学习共同体建构的参考范例。据此，可以概括出学习共同体是指学习者在教师、家长、辅导者等助学者的帮助下，通过彼此之间的沟通、深入交流和学习资源的共享，形成相互作用、相互影响，共同完成学习任务，最后达到成员全面成长的学习团体。学习共同体的主体是学习者和助学者。佐藤学教授则认为，学习共同体强调的不仅是学生之间的相互学习、相互影响、共同成长，也包括教师之间的互相学习、共同提高，还包括家长和市民的积极参与、共同发展。佐藤学把构建学习共同体称为一场"静悄悄的革命"，他认为，构建学习共同体是一场变革性的教育实践活动，它不仅是师生与自身、与他人、与事物对话沟通的活动过程，还是活动的、合作的、反思的学习创造过程。学校的中心任务

就是培养人才，而培养人才是通过学习者的"学习"来完成的。这种学习，在教室里以相互倾听为主旋律，以"应对"为师生共同学习的关键；这种学习，在教师中间形成了更有创造性、合作性的同事关系；这种学习，让家长与学校有更多更具体的联系。

1.学会倾听，师生和谐互动

课程标准指出，语文课程是教师和学生共同探讨新知、平等对话的过程。在实践中，语文教师确实是把自己从"传道授业解惑"的权威中转变为与学生拥有平等席位的对话者，他们以"对话人"的身份尊重同样作为"对话人"的学生个体及其对适合自己特点的学习方式的选择，自觉放弃了传统意义上把语文教师作为知识权威的认识。显而易见，课程改革以来，课堂教学所倡导的起点，也就是和谐互动的课堂氛围，真正地发挥了教师的引导作用以及学生的主体能动性，使师生在教与学中进步，在教与学中体验到快乐。

首先，师生在教育过程中的角色关系，决定了师生相互的地位和相互对待的态度。其次，师生在教育活动中的心理关系，表现为双向互动性。传统合作学习中教师承担的角色是"导师"，掌握着专业知识和技能，成为教学内容的占有者和权威者，凌驾于学生之上。小组合作学习时，教师走下讲台游走在各个小组之间，一边给出讨论的方向，一边寻找契合自己观点的"正确答案"。而在学习共同体的课堂上，教师首先是"倾听者"。教师作为专业人员在参与学习时不是给出讨论的方向，而是关注学生的学习状态，把游离在学习状态以外的学生及时拉回来。教师在课堂上的另一个重要作用是"帮助关联"。寻找学生发言中的突破口，将学生之间的对话、学生当下和此前的感想串联起来，形成知识的交汇、升华与螺旋式上升。这样的课堂角色定位使教师和学生更多地处在同一个学习平台上，教师和学生共同推进学习的展开，共同从中得到知识和养分。

和谐的师生关系中，教师和学生都将作为个体在语文教学中对话，接纳、尊重和信任对方，没有控制和强迫，不以任何或明或暗的方式，将任何态度强加于学生，有的只是师生双方互动的交流、沟通，互相的启发、补充。一方面，通过建立体现尊重、民主和发展精神的角色关系，从而实现民主平等、教学相长；另一方面，通过优化师生情感心理交往，达到爱生尊师、心理相容。曾听过一位教师上的《"你必须把这条鱼放掉！"》一课。这篇课文的教学重点是帮助学生了解、体会人物的思想活动和情感精神。教师允许学生有各种各样的情绪流露，更允许学生大胆地提出自己的见解。随着问题的层层深入，学生的回答越来越精辟，语言也越来越动人，教师体会着学生的情感，努力让学生体验到"山重水复疑无路"的困惑迷茫和"柳暗花明又一村"的豁然开朗。这一堂课的教学过程，从真正意义上成为师生知识、情感的平等交流过程。

2.共同学习，激活思维灵感

传统语文教学长期以来，重视教师对学生的单向灌输，忽视学生对教师的"反作用"；重视师生的纵向交流，忽视学生之间的横向沟通；重视学生个体性思考，忽视群体之间的合作；课堂教学以单一的个体学习为主，重视个人能力的培养，忽视集体观念的教育。这样的教学方式，严重影响着学生的学习方式，学生习惯于按照教师的"指令"机械操作，重埋头苦学，轻合作交流，重接受命令，轻伙伴研究，重个体行为，轻集体学习。

新课程强调，教师要改变单向灌输的封闭式教学方式，整合和创新学生的学习方式。因此，构建学习共同体，强调"合作"二字具有很强的针对性。现代小学语文教师要以合作教学为前提，积极倡导研究性学习，有效加强学生与教师，甚至与课程、书籍或其他信息中的思想观点的交流，积极促进学生与学生之间的合作。具体来说，就是要注意以下几点：

第一，强调小组合作。学生个体的思维往往比较狭窄，有的甚至比较偏激，容易钻牛角尖。而通过小组合作的方式能大大拓宽学生的思维宽度，让他们获取别人思维中有益的部分，并补缺自身思维空白。如在学习《春光染绿我们双脚》这篇课文时，可以让孩子们自己读课文，然后小组合作来学做小诗人，并提出问题：除了裸露的山岩、荒山野岭，还有哪些地方需要我们少先队员去染绿？学生在小组中讨论，你一句，我一句，一会儿，美丽的诗篇就产生了。这种合作编诗歌的方式，使学生个个都是成功的小诗人，小组交流中，童诗飞扬，精彩纷呈。老师让学生将这些诗歌积累在一起，贴在教室后的学习园地中。教学中师生相互交流、相互启发、相互补充，通过分享彼此的思考、经验、知识、情感、体验，从而共同推动教学的进程。

第二，教学目标多元化。在学习共同体的课堂中，我们需强调教学目标的多元化。由于小组成员是异质个体，每个人的学习能力因成长经历的差异及智力水平的高下而参差不齐。倘若在教学中制定单一水准的目标，就会不可避免地忽略其他学力层次学生的学习主体性，所以应当设置对不同层次学生都有学习价值的探究式目标。

虽然不同个性、不同学力的学生给学习的展开带来了变因，但不同个体之间的差异恰好是学习质点的延伸点和交叉点。教师应当通过捕捉这些延伸点和交叉点，来推进学生理解力和想象力的提升。在学习共同体的学习过程中，教师需相机而动、随机应变。如果学生的讨论费时很少，教师应该反省讨论的话题是不是过于简单。如果学生的讨论持续而热烈，即说明讨论的话题成了共同体学习的动力，学生找到了互相协作交互的质点，进而教师可以及时调整教学计划，在学生的兴趣点上多维度开拓，以激发学生的创造力。

第三，充分运用各种合作形式。每周利用一节课举行一次读书沙龙活动，以学生喜闻乐见的形式来展示学生的阅读成果，如"课本剧""故事会""演讲比赛"等，鼓励学生发表自己的阅读感受，发挥自己的创造力体验合作阅读的乐趣。例如，一位老师结合中国文明网评选"中国好人"的活动在班里开展了一次"我心目中的天长好人"小组演讲比赛，参赛小组的同学赛前合作完成讲稿，演讲时滔滔不绝，小观众听得津津有味，身边的榜样让学生感到可亲可近，也大大激发了同学们的阅读兴趣。同学们最喜爱的还是编演课本剧，这项活动对学生的能力要求是多方面的，需要小团体各方面的合作。改编是一种创造，表演是一种再创造。每个学生在解读文本时都有自己的独特体会。改编后进入表演，个人的创造性、小组的合作发挥达到巅峰，围绕剧情的推进和人物性格的表现，演员动作、表情、对话都达到高度的个性化。观看的学生把演员的表演技巧、塑造的形象与自己想象、创造的形象进行对照，取长补短。在这样的氛围中，台上台下的学生融为一体，交流创新成果，共同提高语文素养。

3. 多维共评，构建参与评价

对于课后评价标准，学习共同体实验也需做出相应的反思和调整。课堂学习的评价方式除了检测知识和技能的掌握之外，还包括对学习能力提升的考核，即使脱离既定的教材文本，也能够展现出学生在语文能力和素养上的提升。归根究底，我们应当以"学习的养成"作为共同体学习的评价标准。课程标准在评价建议中指出："应加强形成性评价"，"应注意将教师的评价、学生的自我评价及学生之间的相互评价相结合"，"根据需要，可让学生家长、社区、专业人员等适当参与评价活动"。而传统语文教学评价中存在许多问题，如重结果不重学习过程，过多倚重量化的结果，以书面纸笔考试为主，以语文教师的单一评价为主，等等。特别是在评价的主体上，被评价者往往处于消极的被动地位，其意见没有得到必要的尊重，没能形成教师、学生、家长和社会多主体参与的多元评价体系。改变单一的教师评价，构建参与式的评价体系，我认为应从以下几个方面入手：

第一，评价主体多元化。要让学生、家长和社会多主体参与评价，要将教师的评价、学生的自我评价与学生之间的相互评价相结合。小学生一般都有强烈的荣誉感和集体归属感，为了激发学生在小学语文课堂上的合作学习意识，教师可以利用集体（小组）表扬，如在小组成员取得进步时，教师不是表扬个人，而是表扬整个小组，这样做会使学生产生集体荣誉感，能更加快速地培养小组合作学习的动机及意识。

第二，评价目标系统化。重新确定评价的目标，将评价的内容细分，制定相应的发展目标。根据不同学期、不同年级、不同类型班级学生语文素质的发展水平，制定相关的评价标准，从而有效分解评价目标，并使之系统化。

第三，评价形式多样化。小组互评是各小组之间进行的评价，不同小组之间的交流，扩展了学生互动形式，尤其是学生听后及时互动评价，可以瞬时激发灵感，启迪智慧。应改变以往以书面纸笔考试为唯一评价形式，选择、运用多样化的评价形式，针对学生学习过程的各个阶段，采取不同的方式方法来进行评价，全面而具体地评估学生素质发展状况。

语文教学是一项需要我们扎扎实实去研究、去探寻的快乐的教学活动。我们要心怀"工匠精神"，围绕核心素养，构建学习共同体，师生互教互学。语文教学过程是一种师生之间、生生之间平等交流共同学习的过程，他们共同对成长负责。从这个意义上说，教学理念的转变，是小学语文阅读教学取得成功的关键。

四　整合·教材处理

　　多媒体出现之前，在绝大部分课堂上，语文教学一直是一个比较封闭的系统，教师拘泥于教材和既定的教学设计，忽略了语文课程作为母语学习得天独厚的条件，缺乏资源意识，不大注意学习资源的整合、利用和开发，对潜藏于课内外有益于提高语文素养的各种学习素材、资源的利用率极低。久而久之，语文课程学习的鲜活源头遭到堵塞，语文课堂教学成了按部就班的简单化模式，这种单调、孤立、静止的教学形式必然压抑学生学习语文的兴趣，影响学生学语文、用语文的能力，阻碍学生个性的发展和创新精神的培养。语文课程资源的整合与开发势在必行。

（一）追寻——教材整合的溯源

1.教材整合的定义

　　整合，按照《辞海》中的解释，指一个系统各要素的整体协调、相互渗透，使系统各要素发挥最大效益。教材整合是指教师在实际授课过程中，根据学生实际情况以及教学所需，适当调整教材的内容，重新安排教学内容、课程顺序以及教学目标。从广义上讲，教材整合是指将两种或两种以上的学科教材，融入一个整体中去，改变课程内容和结构，变革整个课程体系，创立综合性课程文化。这种整合涉及课程结构、课程内容、课程资源以及课程实施等各个方面，由于动静比较大，需要主管部门参与。从狭义上讲，教材整合就是将一门学科内的不同部分，教本之内的，或者是延伸的，融合在一堂课，或者连续的几课时中进行教学。狭义的教材整合对教师、学生、教学本身都提出了较高的综合性要求。这种要求并非面向知识，而是强调把知识作为一种工具、媒介和方法融入教学的各个层面中，培养学生的学习观念和综合实践能力。此种整合，可以由教育机构来积极推动，由教研部门和学科教师努力实施来完成。

2.语文教材整合的必然性

语文新课标、新教材都十分重视语文课程资源的开发与利用，这是语文课程观念的更新和完善，也是现代语文教育发展和新世纪语文教学改革深化的必然结果。

小学语文学科教材比较特殊，同一文本，常有多种式样的教学内容。新课改赋予教师更自由的教学空间，但是，这并不意味着教学内容可以无限放大。怎样有效整合教材使教学更贴实际，成为语文教师重点考虑的问题。新课标指出，在课堂的实际教学中要积极开发并合理利用课程资源。也就是说，在新课标的背景下，语文教材不再是教学的硬性标准，也不是课程进行的导向，而是可变式、开放式的科学化教学辅导手段。对每一位学生来说，教材不是最完美的学习向导，教材有其自身的局限性，面对庞大的学生群体，教材并不能完全尽善尽美。同时，由于教师和学生以及教育现状等多方面因素的不同，若教师只依赖教材进行讲课而不考虑学生自身的情况，很可能会受到教学内容的约束，使课程单调又苍白，教学效率低下，所以教师必须摒弃教材的束缚，立足于学生，灵活整合、使用教材，为学生创建高效课堂，提高语文教学的教学质量，培养学生的"语用"能力。

（二）凝眸——教材整合的目的

语文教学是一门创造性很强的艺术。新课标中明确指出语文教师应该创造性地使用教材：根据学生的实际情况和自己独特的教学风格，重新整合教材。语文教师在使用教材的过程中，不管是按部就班还是特立独行，只要能提高学生听、说、读、写的能力，能提高学生的人文素养，就是最适合的！所以，教师的教学方式应努力与学生的心理期望或学生的实情相吻合，这样才能达到最好的效果。

1.为培养学生的学习兴趣而整合

从教育心理学的角度来说，学习兴趣是一个人倾向于认识、研究、获得某种知识的心理特征，是可以推动人们求知的一种内在力量。学生对某一学科有兴趣，就会持续地专心致志地钻研它，从而提高学习效果。语文学习涉及枯燥的识字、读写，更要注重激发学生的学习兴趣。

我曾听过一节"特别的语文课"，那是由一个很有想法的资深教师上的语文实践课——"赞家乡"：篇章一，分享书本里的家乡梦；篇章二，吟诵我的家乡美；篇章三，辩论家乡好还是外乡好；篇章四，探探我的家乡史。由课本出发，却又跳出课本许多。后来那位老师分享时介绍说，五年级上学期，学生从低中学段初入高学段，这是学习上很重要的一个转折点，指导学生树立崇高的理想，培养其学习语文的积极态度及讲究正确的学习方法是极为重要的。所以，刚入学，不必急着马上给学生上新课，而是精心整合以前学过的内容，准备一系列的"另类语文课"——生动深刻的故事课，精彩纷呈的才艺课，激情澎湃的讲演课……让学生切实感受到语文的无穷魅力。这可以大大激发学生学习语文的兴趣，指导学生明确学习语文的目的：语文是人文性、工具性的完美结合，而并不只是写在纸面上的枯燥文字。它是生动活泼、丰富多彩的，与我们的生活息息相关，绝不是纸上谈兵就能学好它。那堂课应该只是其中的一个缩影，课上孩子们兴奋的目光到现在我仍记忆深刻。

2.为满足学生的心理期待而整合

法国科学家笛卡尔说："读一本好的书，就是和许多品德高尚的人谈话。"读到一系列的好文章，找到崇拜的英雄人物，心灵会感到幸福，从而强化道德、理想意识，净化心灵，一生朝着理想的目标奋斗不已。人生来就有好奇心，少年儿童时期，正是一个求知欲汹涌勃发的阶段，处在学校这种智力不断冲撞的环境中，他们对于自己能学到什么、能做到什么程度、能有什么收获等，都有强烈好奇心和自我期待。

苏教版语文五年级上册第六单元围绕"滴水穿石"这一主题，安排了四篇课文：《天火之谜》《厄运打不垮的信念》《诺贝尔》《滴水穿石的启示》。这四篇课文通过讲述古今中外取得事业成就的几位名人的奋斗故事，向我们详细阐述了"滴水穿石"的精神。纵观这个单元，其编排方式很好地体现了课程标准的理念，追求专题意义上的整合，凸显单元主题思路。每篇课文相对独立又相互关联。如果把"滴水穿石"这根主线当作一串项链，那么每篇课文所折射出来的文化、精神、力量就是这串项链上的"珍珠"。我在参加省内两个名师工作室的交流研讨课上，惊喜地看到一位老师在单元整合教学上做出了尝试。

首先，设定教学目标如下：

（1）学习生字词，积累四字词语"不足为奇、欣喜若狂、博览群书、家徒四壁、持之以恒"等。

（2）正确、流利地朗读课文；学习浏览课文，搜集信息。

（3）精读课文，品读关键词句，了解人物身上的滴水穿石的精神，思考自己学会了什么。

（4）拓展阅读名人传记，推荐书籍《富兰克林自传》《假如给我三天光明》等。

（5）主题习作：以"我心中的＿＿＿＿英雄"为题写一篇习作，学习通过具体事例突出表现人物的一两个优秀品质。

教学目标的制定力求通过读书方法的教授，提升学生自身独立的阅读素养，尝试渗透本体性语文知识的教授，力求突出阅读策略的学习。当然不只内容上对教材进行了整合，而且在时间上也没有根据教材按部就班。

其次，课时安排如下：

课前预习：学习生字词，特别关注"恋、谋、给、械、挣、撰"等的读音和"诞、锤、眷"的写法，标注并抄写生字词。阅读名人传记。

第一课时：学习浏览，整体感知4篇文章，体会单元主题——滴水穿石的精神。精读《厄运打不垮的信念》中的关键词句，感受人物精神。

第二、三、四课时：精读课文，形成主题学习小组，从遣词造句、形式方法、表达顺序等方面，触及文本内核，贴近文字，感受古今中外不同人物的共同的精神品质。

第五课时：图书馆阅读课，找寻一两本名人传记，阅读分享。

第六、七课时：主题习作。

这节公开展示课，容量较大，但孩子们一刻也没有闲着，要么静静阅读，要么侃侃而谈。环环相扣，由古至今，由读及写，既很好地读懂了伟人，又通过写身边人的练笔，提高了读写能力，提升了思想认识。当然，要使孩子们的思想受到震动，甚至对他们一生的人格都具有重大影响，绝不是这几篇孩子们一眼就能看懂的文章就能做到的。其实，在语文教学中，孩子们对自己能否离开老师的步步牵引，独立读懂一篇文章以及阅读与课文有关而又新颖的课外内容尤其感兴趣。这就是他们内心的期待，教师必须很好地了解、把握这种期待，延伸至读更多的名人传记，让学生再探究，并再接再厉用写作来分享阅读、思考所得。只有这样不知不觉步步深入，讲究教育艺术，学生才会愉快地收获。这样的教材整合，让我感觉到语文是个大魔方。阅读教学绝对不是只要老师、学生啃完一篇篇教材里的单篇课文就能完成的！语文学习的"大阅读观"告诉我们，真正的语文教学不能仅仅停留在独立的一节课，而应该拓展到更广阔的生活天地中。好的语文课应当成功地引发学生产生阅读的期待心理。通过多篇范文的学习，一定会有相当一部分学生对同类的作品产生兴趣，这有助于增加学生的思想、文化积淀，有助于学生对课文形成更深入、更全面的认识。

由此可见，语文教材资源的整合，绝不是简单地打乱顺序或随意组合，而是根据学生与教材的实际，独具匠心地整合，实现教育的艺术化，真正体现教师教学的独创与学生学习的独立！当然，教师自主整合语文教材，有法而无定法，每个人可根据自己对教材的独特解读而实现个性化的整合。

3.为习得言语的表达范式而整合

在倡导"语用"概念的今天，我们语文学习很重要的一个任务是培养孩子规范正确的语言表达能力，也就是在口头语言（说话、演讲、作报告）及书面语言（回答问题、写文章）中运用字、词、句、段的能力。通过语文学习，学会用词准确，语意明白，结构合理，语句简洁，文理贯通，语言平易，合乎规范，能把客观概念表述得清晰、准确、连贯、得体，没有语病。而学好一篇篇语言规范的课文无疑就是桥梁。"相似论"认为，学生头脑中贮存的相似性信息单元（即相似块）越多，就越有利于选择、匹配、激活阅读材料中的相似信息，学生对阅读材料的感悟也才越深刻，言语范式的体悟与习得才更为灵动。

（1）顺向迁移，习得言语规律。特级教师魏星在教学苏教版语文五年级下册中的《水》时，从教材中写"童年经历"的文章切入——

萧红的《我和祖父的园子》：园子中的一切都活了，花儿全睡醒了，鸟儿上天了，虫子在说话，倭瓜、黄瓜、玉米想干什么就干什么。

孙友田的《月光启蒙》：母亲的嗓音"像三月的和风，像小溪的流水，小院立即飘满了她那芳香的音韵"。

琦君的《桂花雨》："啊，真像下雨，好香的雨啊！"

魏老师引导学生从这类文本的语言现象入手，体验那种独特的"文学的感觉"。这样的迁移阅读，为学生找到了最佳的语言生长点，把"语言文字运用规律"变得更为感性，学生也会在这迁移中慢慢习得语言文字的运用规律。

（2）对比阅读，提高言语感受性。这里强调的是言语形式的对比，在对两种或两种以上的言语形式的阅读揣摩、掂量、比较中，学生对言语的"差别感受性"会越来越高。

①同一主题不同写法的对比性阅读。苏教版语文四年级下册中《走，我们去植树》《云雀的心愿》都介绍了森林有防风固沙的作用。云雀妈妈的话充满童趣，读来如画，真真切切；而"让风沙乖乖低头，让百鸟翩翩起舞"读来如歌，有韵律之美。这两种表达无所谓优劣，放在一起阅读，会形成一个鲜明有趣的对

比关系，学生很容易感知到诗歌、童话的表达是有区别的。

②古文与现代文不同表达的对比性阅读。如把苏教版语文三年级下册中的《争论的故事》与《笑林广记·兄弟争雁》中的"昔人有睹雁翔者，将援弓射之，曰：'获则烹。'其弟争曰：'宜燔。'竞斗而讼于社伯。社伯请剖雁，烹燔半焉。已而索雁，则凌空远矣"进行对比阅读。在教学中不断地把古文与今文进行比较，可以让学生感悟古文与今文各自的言语表现力，感知其异同，锤炼语感。

③课文与名家原文的对比性阅读。文本在被选进教材时，编者或出于"教学价值"，或出于"学生学力"等因素进行了有意识地删改整合。这时需要教师站在一个制高点，根据学生的实际和教学目的进行对比性阅读。如《三打白骨精》《三顾茅庐》介入的内容、时机、方式方法很巧，原文和课文形成了一个互补的艺术集群，让学生有了言与意的双重发展。

当然，我们还可以把外文与中译文对比，把不同版本的教材对比……在对比中敏化语言感受性，习得言语表达的范式。

4.为呈现最有生命活力的课堂而整合

教材经过整合，可以促进学习内容最优化，教师会获得更为巧妙的教学切入点，学生会学得更加主动。

（1）教学内容的整合可以是微观的。苏教版教材中有很多关于"草"的课例。我曾在一节古诗教学公开课上，聆听了一位年轻的教师紧扣"草"字，着力整合教材，推进课堂教学。

①老师想推荐你们听一首歌，想听吗？（播放《小草》）你们听出了什么样的草？

②你通过阅读《小河与青草》，懂得了什么呢？

③白居易的《草》与歌曲《小草》有什么不同？

④小草既平凡又伟大，但它能比得上大树吗？读读《小草和大树》，"小草"又有何深意呢？

⑤你有什么关于"草"的诗文可以分享吗？

这堂课的教学如行云流水，丝丝入扣，而且一点也不觉花哨。孩子们颇有所得，就是因为教师整合简化了教学头绪，扩大了教学容量，丰富了学生的思维层次。

（2）教学内容的整合可以是中观的。一代诗仙李白的诗在小学课本里分量较重，分别有《静夜思》《望庐山瀑布》《黄鹤楼送孟浩然之广陵》《望天门山》《赠汪伦》，如果按照教材上所安排的在不同的学段进行教学，显然比较散乱，不易系统对比。在对这五首诗进行研究之后，我安排一位年轻教师实施了以主题为"李白其人"的整合教学，并举行了公开课，核心环节有四个：

①自由朗读五首诗，说一说可以怎样为这五首诗简单分类。

②细读《望庐山瀑布》和《望天门山》，比较两处景色的不同，讨论李白更喜欢哪一处，写法上有何异同。

③研读《赠汪伦》《黄鹤楼送孟浩然之广陵》的诗外故事，比较这三位诗人的友谊，李白的心情有何不同。

④比较李白写景诗与叙事诗的表现方法有何不同。

在这堂课教学后的研讨中，我这样进行了总结：深度开发教材，促成内容的整合，避免了教学的零敲碎打。机智生成课堂，促成策略的整合，避免了教学的单一呆板。反复应用对比，促成了资源的整合，避免了教学的单打独斗。前后巧妙勾连，促成了新旧知识的整合，避免了教学的浅薄平庸。多管齐下引导，促成了多维目标的整合，避免了教学的狭隘片面。

（3）教学内容的整合可以是宏观大气的。2016年，我指导汉涧小学的陆老师上过一节公开课——《三顾茅庐》。为了带领孩子们走进中华名著的大门。我们决定整合《三国演义》《西游记》这两部表面上看起来风马牛不相及的名著，上一堂以"知人善任""忠心耿耿"为主题的课，比较了刘备、观音的慧眼识人，比较了诸葛亮、孙悟空的赤胆忠心，顺带解读故事情节，了解关羽、张飞、赵云、沙僧等人物的特点，引导学生去体会人物塑造的精妙。由此引导学生进一步思考作家塑造人物的匠心所在，我们可以学习什么。

这样的尝试还很多。通过整合爱家乡的课例，上了一堂以朗诵为主线的塑造爱国爱家灵魂的课。为了引导孩子们欣赏和创作现代小诗，整合了冰心、泰戈尔、海子，以"心的翅膀"为题做了一次新诗探索。以《爱之链》《高尔基和他的儿子》《我不是最弱小的》中"爱"的主题挖掘文章内蕴，进行故事创作，取得了很好的教学效果。

相同题材不同教法可以整合，相同教法不同题材也可以整合……我的感受是，没有整合就没有高品位的反思。

其实，不但教师可以整合教材，学生课外搜集资料时也应该主动地构建和生成教材，形成一个学生、教师、教材之间的互动格局。新课程改革呼唤教材的变革。但是，在教材还无法作根本性改变的情况下，作为一线教师，应通过自己对教材的钻研，在尽可能的范围内促成独立选文之间的融合与交流，使经常由老师来帮助学生完成的教学拓展变成学生在求知过程中自己主动的发现和探究。这样的整合，于教师而言，是创造性地教；于学生而言，是创造性地学。

整合，让语文教材立体起来，让语文教学灵动起来。

（三）探微——教材整合的策略

课程标准指出：在理解课文的基础上，提倡多角度、有创意的阅读，利用阅读期待、阅读反思和批判等环节，拓展思维空间，提高阅读质量。相对于《义务教育语文课程标准（实验稿）》中的描述，增加了"在理解课文的基础上"。这一点其实是在向我们教师表明，关于学生课外阅读的探究不能抛开语文课堂这块教学的主阵地，要让课外阅读成为有根之木、有源之水。

教师要站在学生的角度，本着"用教材教"的原则灵活地、创造性地使用教材，根据课标的学段要求联结课内课外，根据学生的需要重构教学内容。怎样重构？作为一名有一定素质的教师，只要勤于钻研，注意结合学生实际，善于反思，就一定能逐渐合理处理教材，努力创造良好的语言交际情境，把教材内容激活，创造性地利用，让学生在最合适的资源中主动学习、领会、掌握、应用教材内容。

那么，教师如何走出传统备课与教学的局限？怎样以整体的思想整合文本等资源进行教学设计，落实课程标准提出的"避免繁琐，简化头绪，突出重点，加强整合"的指导思想？如何让学生真正做学习的主人？这么多年的教研员工作，让我有幸参加了一线老师们的课堂实践，他们一直在尝试整合教材。

第一，在单元之内进行整合。

在单元之内进行整合的方法是宏观上审视同一单元的所有课文，分析它们的相同点和不同点，透视单元内涵，提取单元精粹，反思单元误区，从而形成自己对教材的个性化分析。教学时，以"教材整合群文阅读"策略为指导，在教学本组教材时，注意各部分内容之间的内在联系，发挥其整合的优势。每个教学环节，都有意识地突出本组专题。教师还可以引入同主题的课外阅读，调动学生课外自主阅读的积极性，发挥这些故事对学生潜移默化的熏陶作用。课堂上给学生搭设展示阅读收获的平台，重点引导学生交流课外阅读感受，探讨自主阅读过程中的困惑。

第二，在单元与单元之间进行整合。

比如苏教版语文六年级上册的一、六单元其实拥有共同的主题——热爱祖国。

祖国的赞歌：《我们爱你啊，中国》。

爱国的赤诚：《把我的心脏带回祖国》《示儿》《郑成功》。

为国的奉献：《钱学森》《詹天佑》《给家乡孩子的一封信》。

这样的整合使原本散乱的单篇教学呈现出了新的格局，在一个较小的平台上解决了语文教学零敲碎打的弊病，为即将步入中学的孩子展示了中学语文学习可能呈现的崭新格局。

第三，在整册、学段教材之间实现整合。

我曾经为了配合一线教师做好小学毕业检测，将一至六年级的语文知识进行了整合：分作者、朝代、情感等类别复习古诗词，按文体再忆重要课文，积累、对比各种修辞手法使用的典型佳句，巩固、应用各类成语、名人名言、谚语等。以非常丰富的汇总和全新的归类引导学生重新遨游于教材的海洋中，让他们得以在整个的六年体系中细细回眸，并有了新的收获和更深的印象。

第四，抓准单元的落脚点。

从单篇教学到单元整组教学，再到单元整体教学，无疑是一个很大的跨越。许多教师认为，在较短的时间内完成教科书一个单元几篇课文的学习，会不会太"粗糙"了，忽略掉很多知识点？其实未必，只是这对老师的要求更高了。比如在备课时，就要有全局意识，改变过去一课一备的习惯，至少要备好一个单元，只有对单元的重点做到心中有数，才能把训练重点放到每一课中分散训练，加以突破。

在单元整体教学的实施过程中，教师遇到的最大困难是如何在有效的时间完成一个单元几篇课文的学习。过去，我们在单元整体教学时最常用的方法，就是"一带三"，一篇课文精讲，习得方法，另外三篇或四篇课文自学、汇报、交流，这样不会有很大突破。原因就是我们没有整合的"点"，没有抓住单元的"共同点"。即便抓住了整合的"点"，如果没有进一步细致分析，还是会导致学生的讨论泛化，不够深入，无法真正帮助学生提高阅读能力。语文老师要能够深入地挖掘教材，打通教材，找到单元整合的共同点，这样才能在有限的时间内解决学习几篇甚至更多文章的难题。

单元整合课程要以学生为突破口，不同的单元，整合的点也不一样，这种情况下，探究式学习是最有效的学习方式。每节课中，学生对整合的点进行探究，也许在老师的引导下进行，也许老师只是一个主持人的角色，但是探究的主体是学生，只有提高学生的探究能力，才能突破语文学习由点到面的难题。

如何把单元整体教学的课堂打造得更高效、更完美呢？

第一，做足课前工作。

（1）备课中的"高瞻远瞩"与"脚踏实地"。教师应该把自己当作一名读者，对文本潜心阅读、反复揣摩，正确把握文本的价值取向。然后依据课程标准的年段目标，对教材进行二度开发，制定切实可行的单元目标。有了单元目标，设计就能把握一定高度，做到"高瞻远瞩"，课堂交流时也便有了心中的航标。

学情是教学的起点，备课时教师还要认真研究分析学生的实际情况，甚至把自己当成一名普通学生，站在学生的角度，依据教学目标，结合课文特点确定本单元语言训练的内容及教学重难点，以便做到真正意义上的"以学定教"。

（2）精心设计预习单。语文教学中的预习是学习的必要基础，也是落实"培养学生自主学习能力"目标的一个重要策略。如果预习成了学生的一种持久的自主学习行为，那将对学生自主学习能力的培养起到不可估量的作用。而对于单元整体教学而言，预习单是实现高效预习的一个重要载体。

预习单要富有趣味性和人文性。郭沫若说："兴趣能使我们的注意力高度集中，从而使得人们能完善地完成自己的工作。"对于学生亦是如此。所以预习单的设计务必要激起学生自主预习的热情。教师可从问题设计的趣味、形式的多样、图画的插入等方面开动脑筋，诱发学生参与的热情。另外，预习单的表述要凸显人文色彩，以第一人称的形式出现，比如"我用喜欢的符号标出了不懂的问题""我想画一画"等，这样可以赋予学生主人翁的身份，甚至还可以让学生尝试设计自己喜欢的预习单。

预习单要体现年段能力的培养。预习单的设计要科学、有效，就必须紧扣学生的年段特点，着力培养学生的年段能力。以中年级为例，预习单旨在激发学生的自主学习意识，初步培养学生粗知文章大意、复述、提取信息、质疑解疑等方面的能力。

预习单可以进行学法的渗透。课程标准中提出了"素养—养成"的课程基本模式，强调语文课程"必须面向全体学生，使学生获得基本的语文素养"。预习是为学生的"学"铺路架桥的。而这个过程中，学习方法的指导是培养自学能力，提高语文素养的有效途径。预习课一般分三个步骤：明确要求—预习活动—效果评价。预习可分为"单元预习"和"课文预习"两种，设计预习单时，要以学案或表格等形式给出要求：如解决本单元的基础知识、基本概念及重要结论的梳理，把教材内容条理化、精细化、实用化，完成知识结构的构建。另外，还应指导学生提出问题，做好疑难问题的收集工作，等等。

（3）教案设计中找准探究点。探究问题的设计要关注预习单的反馈。课程标准中有一个鲜明的教学理念：以学定教。这一基本理念将教学活动牢牢定位于"学"，学生的学先于教，即以学生的预习活动启动教师的教学活动。预习交流中教师要对学生提出的问题进行梳理，其中简单的、常识性的问题要及时合作释疑，有探究价值的问题需归类板书，提醒学生在深入学习中进一步关注。这些"留"下的问题，通常是课堂交流的重点话题或相关问题。

探究问题的设计要富有趣味性。苏霍姆林斯基说："在人的心灵深处都有一种根深蒂固的需要，这就是希望自己是一个发现者、研究者、探索者。"有趣味的话题，可以诱发学生探究的内驱力，最大限度地激发学生的潜能，效果往往事半功倍。这样，通过巧妙的话题设置，有效地升华了文本的主题，给了学生更大的交流空间，有效培养了学生感悟、想象、推断、伸展、评价、欣赏等阅读能力。

第二，将合作探究落实到位。

自主学习、合作探究作为现今课堂上主要的学习方式，如果落实到位，不仅使学生优势互补、促进学生个性健康发展，还能有效地提升课堂效率。

（1）选择时机，注重实效。首先，学生在学习中遇到疑难问题无法独自解决时，采用小组合作可以有效地突破难点。这个疑难问题可能是生成的，也可能是老师潜在的一个"预设"。其次，学生出现较大的意见分歧时，探究的期待更为强烈，教师可及时抓住契机展开进一步合作交流。当学生众说纷纭，莫衷一是时，及时展开合作探究，便有了精彩的生成。

另外，学习任务较多时，可把任务分割，每人完成其中一部分，再交流汇合。这样既完成了学习任务，又节省了时间，更重要的是学生能从中体验到合作的重要性和意义价值，增强了合作的自觉性。

（2）调控引导，传授技巧。有序高效的合作离不开教师的调控引导。学生在合作过程中，难免会遇到一些问题和困难，有知识上的，也有合作技能上的，这些都会对学生的合作进程带来影响。教师可根据问题难度，合理调控合作时间，保证学生充分交流、充分思考，必要时给学生提供及时的帮助。同时还需教授学生一些合作技巧，教会学生如何倾听，如何发表不同意见，如何向别人提出改进建议，如何处理矛盾、争议等。此外，教师还可以通过暗示、认可、奖励等手段及时引导学生合作，激发和维持学生的合作热情。这对培养学生良好的合作习惯是大有裨益的。

第三，教师要加强自身素养。

（1）教师要有单元整体意识。教师先作为一般阅读者阅读教材，"钻进去"，对语言文字来一番"虚心涵咏，切己体察"，以期品出文本字词间的韵味，理出作者情感和意念发展的内在脉络，从而对文本形成具有个性体验和审美愉悦的深入解读。教师先吃透了文本，再依据学生年龄特点和先前的认知基础，揣摩学生自己能读懂的和读不懂的就容易一些，而这些学生的"未知"正是上课的切入点。确定有效阅读教学目标的依据和实现高效阅读课堂的基点，是所有教学手段使用的标准，是一切教学工作的指导。作为单元整体教学的实施者，我们应该努力钻研相关的理论书籍，不断丰富自己的认知。要在实际教学中树立单元整体意识，整体吃透教材、使用教材，并能在更宽广的知识天地里整合、调用语文资源，使语文教学更好地为语文素养的形成与发展服务。

（2）教师要有高超的课堂导学能力。教师要在课堂上牢牢把握动态生成，引起学生思维火花的碰撞，使语文课堂充盈生机和活力。预设是教师教学理念和经验的体现，而生成则是学生的一种自主建构的学习方式。学习效果往往会和教师的预设相左，充满不确定性。如前面所言，教师备课时只有正确把握学生的学习起点，充分考虑其生活和学习背景，猜测他们可能会有的困难或问题，当课堂上出现意料之外的反馈时，才能迅速判断应从哪个角度去引导，以及如何把它整合进单元教学目标，从而把原先可能忽略的盲点转化成教学的亮点。当然，高超的导学能力还与教师的专业素养密不可分。

（3）教师要善于反思提升。反思是自我认识、自我分析、自我完善、自我提升的过程，是对过去的经验反馈，又是做出新计划和行动的依据。教师在单元整体教学的实施中，要不断地反思自己的教学理念和方法，积累经验教训，努力提升自己的专业水平，更好地为学生服务。总之，所有付出的努力都将是我们构建单元整体下高效课堂的长远保障。

课程标准明确指出：语文课程应该是开放而富有创新活力的，要让学生真正扎扎实实地掌握语文这一终身受益的工具，就必须打破语文教材与外界的"隔离墙"，并"开沟挖道"，把多股"活水"引向语文。注重教学内容的整合，既有文本的也有活动的，既有音频图像的也有舞蹈器乐的，既有课内的也有课外的……总之，凡是有目的、有计划教书育人的资源载体均可成为"课程"。因此，教师对文本的文字与情感、形式与内容要作整体联系性的把握，要逐步扩大学生的认知单元，尽量让学生整体地、成块地阅读，触摸语言材料，获取系统、完整的心理体验，走出单一，实现整合。

五　启智·教学程序

当下语文课程正面临转型期，要从原来"学习课文思想内容"转变为"学习语言文字的运用"。因此，我们语文教师要解放思想，将以理解课文内容为主要目标的"教师讲读课文"的课堂教学形态转变为以"学生语文实践"为主的课堂教学形态。在阅读教学中，我们要按照学段要求，以"学习语言文字的运用"为目标组织阅读教学过程。

（一）围绕本体性教学内容组织阅读教学

语文课究竟是"教课文"还是"教语文"，从理论上讲，教师当然毫不犹豫地说是"用课文来教语文"，然而在实际的课堂教学中，却还是围绕"教课文"设计教学过程——教学目标主要放在理解课文内容，体会作者情感上；教学时间主要花费在课文内容的解读讨论上；课文上完，学生的主要收获只是加深了些对课文故事情节或人物思想情感的理解，而语文能力方面似乎没有明显的长进。这难道不是在"教课文"吗？真正的语文课是让学生通过课文学习，能够明确地说出这堂课学会了什么语文知识或语文学习方法，在听、说、读、写能力方面接受了哪些训练，有哪些新的收获，这才是真正意义上的"教语文"。

"教课文"或"教语文"的主要依据是什么？主要观察对象不是教师在课堂里教了什么，而是学生学习后在语文知识或语文学习行为上有什么收获，发生了哪些变化。因此，语文教学的最终目的应是用课文教语文。那么如何用课文来教语文？那就是利用课文这个例子来教给学生语文知识，培养语文能力，提高语文素养。有的语文教师在教学过程中往往只追求"教过"，没能在"教会"上花时间，下功夫。因而致使学生语文基础不扎实，也就局限于"学过"而非"学会"。其实归根结底，就是教学出了问题，语文课失去了语文味，犯了舍本逐末的错误。这就造成把语文课上成思想品德课、科学课的结果。

的确，课程标准指出，"培养学生高尚的道德情操和健康的审美情趣，形成正确的价值观和积极的人生态度，是语文教学的重要内容"，但这一目标应该是在语文学习过程中自然渗透的，应该注重的是"熏陶感染，潜移默化""贯穿于日常的教学过程之中"。这并不意味着语文课就该上成思想品德课，而是应该在语文学习的同时，客观上接受思想情感教育，感受到心灵的震撼和情感的认同，这是一种"润物细无声"式的教育。所以，语文老师当务之急便是找回语文课的语文味。

有诗云："删繁就简三秋树，领异标新二月花。"语文的本体就是语言文字。语文教学就是要让学生触摸语言，加强对语言文字的理解、积累和运用，从而使学生获得言语智慧的滋养和思想情感的熏陶。语文教学呈现的应该是一个思路明晰、重点突出、环节简单的读书思考过程。学生在教师的引领下始终处在一种主动思考、积极探究、对话分享的课堂情境当中，学习着语文，享受着语文。我们应该追寻语文教学的真实，一种真真实实地引导学生学习母语的过程；寻求语文教学的朴实，一种朴朴实实地引领学生潜心会文的过程；展现语文教学的平实，一种平平实实地启发学生对话交流的过程；体现语文教学的扎实，一种扎扎实实地进行双基训练的过程。

1.依标扣本

教学中，要遵循课程标准关于每个学段的具体要求。

以吕老师教学《诺贝尔》（苏教版五年级上册）的片段为例：

师：为了发明炸药，诺贝尔投入了他的整个生命。下面，请同学们默读课文的第3～9自然段，用心揣摩文章的语言，把最能触动你心灵的那些语句画出来，并且联系上下文想一想，是什么触动了你的心灵。

（学生默读课文，教师巡视，和学生个别交流。）

师：刚才，大家都在认真地与课文对话，并在文章中留下了自己阅读时的痕迹。现在我们来交流分享一下，谁第一个说？

生（读第6自然段后说）：我被这里的文字感动了。诺贝尔的父亲被炸伤了，弟弟被炸死了，他非常痛苦，但毫不气馁，仍坚持研制炸药。

师：你被他那份坚持所感动。知道"没有气馁"是什么意思吗？

生：一点儿也不灰心，不泄气。

师（面对该生）：你说的"一点儿"就是"毫"的意思，"灰心、泄气"就是"气馁"的意思。（面对大家）大家明白了吗？

师：难道弟弟被炸死的代价，还不够惨重吗？

生：这个代价实在是太大了。但就是在这种情况下，诺贝尔依然坚持研制炸药。我被他这种永不放弃的精神所感动。

师：是呀，弟弟被炸死，父亲被炸残，这对诺贝尔来说是何等惨重的代价啊，然而，就是在这种情况下，诺贝尔依然毫不气馁。同学们，此时此刻，你最想对诺贝尔说些什么呢？

生：我想说：诺贝尔，你真勇敢，我佩服你！

生：我想对诺贝尔说：诺贝尔，你面对挫折依然坚持研制炸药，我敬仰你这种伟大的科学精神。

师：你们说得很好。其实，诺贝尔当时所受到的打击还远不止这些。由于实验造成的严重后果，邻居纷纷指责他，坚决反对他再进行实验；政府也出面干涉，下禁令不允许诺贝尔继续实验。然而，就是在这种情况下，诺贝尔依然毫不气馁。那么，到底是什么在支撑着他呢？

生：是他的理想和信念在支撑着他。

生：是他为民造福的精神在支撑着他。

师：我们从语言文字中读出了诺贝尔的信念，正是因为有了这样的信念支持，他才能够锲而不舍地坚持做实验。读书就应该这样，抓住语言文字来揣摩品味。正如同学们所言，为民造福的理想和信念在支撑着诺贝尔坚持科学研究。让我们一起来读读这句话。

师：我们一起来读读第6自然段，体会诺贝尔面对挫折毫不气馁的信念。

师：课文还有哪些地方打动了你？

生：课文的这个地方让我感动。

（读"经过四个年头几百次的失败，到1867年的秋天，终于制造出能够安全运输的固体炸药——黄色炸药"。）从这里我体会到诺贝尔发明炸药很不容易。

师：怎么不容易？

生：因为他经过了几百次的失败。

师："几百次"触动了你的心灵。是的，历经几百次的失败都能够坚持下来，这是多么不容易啊！

生：这段话中的"四个年头"让我感动。

师：一个年头是多少天啊？四个年头又是多少天呢？算算看。

生：我算了一下，四个年头是一千四百多天。

师：一千四百多天！几百次的失败，诺贝尔依然——

生：毫不气馁，坚持科学研究。

师:请大家再读读课文,看一看,这一千四百多个日日夜夜,他是在怎样的环境中度过的;这几百次的实验,他又是在什么样的环境中做的。

生:这四个年头,他是在马拉伦湖上的一条大船上工作的。这里的工作环境非常恶劣。

师:说得好。他就在条件非常差的马拉伦湖上的一条大船上做实验。"四个年头""几百次",这两个数据让我们深有感触。此时此刻,你想对诺贝尔说什么?

生:诺贝尔,你这种坚持不懈的精神让我佩服。

生:诺贝尔,您为了人类的幸福,在如此艰苦的条件下,依然坚持做实验,您真伟大。

生:诺贝尔,功夫不负有心人,你终于制造出了固体炸药,我真为你感到高兴啊!

师:这都是你们发自肺腑的话。诺贝尔之所以能够这样做,是因为他有这样一个信念——

课程标准在第三学段的阶段目标中提出:阅读叙事性作品,了解事件梗概,简单描述自己印象最深的场景、人物、细节,说出自己的喜欢、憎恶、崇敬、向往、同情等感受。同时指出:学习浏览,扩大知识面,根据需要搜集信息。从《诺贝尔》的教学片段中,可以看出吕老师能把握高年段叙事性作品教学的原则和要求,他着重引导学生"默读课文的第3~9自然段,用心揣摩文章的语言,把最能触动你心灵的那些语句画出来,并且联系上下文想一想,是什么触动了你的心灵"。可以说,这个话题的提出,把学生直接引向叙事性作品学习的正确轨道。在整个教学过程中,学生多次浏览课文,或整体概览,或关注写法,朗诗、默读、浏览等阅读方法在课堂上得到充分而恰当地运用,真正体现出"有法(课标)可依""依法(课标)施教"的原则,成为高年段叙事性作品教学的典范。

2.触摸语言

教学中,要抓住语言文字这个"根",引导学生触摸、品味以及正确地理解、积累和运用,实现工具性和人文性的平衡,从而使学生听、说、读、写的基本技能得到提升。学生的情感也会在潜移默化中受到熏陶感染,成为一个有着深厚素养的人。

仍以吕老师教学《诺贝尔》的片段为例:

师:课文还有什么地方让你感动的?

生:(读"有一次,他在实验室里亲自点燃了导火线,双眼紧盯着缓缓移动的火星。近了！近了！火星已经接近炸药了！诺贝尔的心怦怦直跳，但双眼仍然盯着炸药不放"。)从这里我读出了诺贝尔为了研制爆炸力更强的炸药，连生命都不顾了。

师：你从哪些具体的词句读出诺贝尔连生命都不顾了？

生："亲自点燃了导火线"最能够触动我的心，因为实验很危险，诺贝尔竟然亲自去点燃导火线。

师：这段话中，有一个神态，不知道你们注意到了没有？

生：我注意到了"盯"。

师：数数看，几个"盯"？

生：两个"盯"。

师：诺贝尔双眼紧盯着的是什么？

生：诺贝尔双眼紧盯着的是导火线和炸药。

师：难道他不知道这样"盯"有危险吗？

师：是的，有生命的危险。明知山有虎，偏向虎山行！这是一种科学探究的精神。他是想盯出什么来呢？

生：他想知道实验能否成功。

生：他想知道炸药的威力到底大不大。

生：他想观察清楚实验过程中的每一个细节。

师：那你们从这两个"盯"中，盯出什么来了？

生：我从这两个"盯"中盯出了诺贝尔不怕牺牲的精神。

生：我盯出了诺贝尔把自己的生命置之度外的情怀。

师：读书就应该这样，透过字面去窥见其背后的意思。其实，当我们用心去体会文字的时候，就能够感受到文字的温暖和魅力。

教学中，吕老师问："这段话中，有一个神态，不知你们注意到没有？"学生说："我注意到了'盯'。"接着，吕老师引导学生品味这两个"盯"，进行追问："他是想盯出什么来呢？""你们从这两个'盯'中，盯出什么来了？"学生在教师的引导下，从这个"盯"字感悟出诺贝尔献身科学的伟大精神。

其实，语文教学就是要让学生触摸语言，加强对语言文字的理解、积累和运用，和学生一起徜徉在充满灵动的语文课堂里，经历一次次探寻言语智慧的幸福之旅，从而使学生获得言语智慧的滋养和思想情感的熏陶。

（二）贴近儿童生命世界开展对话活动

语文教学一直存在着重结论、轻过程的问题，其主要表现是教师用自己精心细致的教代替学生的学，学生缺乏对文本的充分感知和深切体验，整个课堂只充满一种声音，沉闷而压抑。这种缺乏过程的教学，排斥了学生的情感体验，使学生缺失了意义建构的过程，扼杀了学生的个性，失去了对学生生命发展的整体关怀。

课程标准指出："语文教学应在师生平等对话的过程中进行。""阅读教学是学生、教师、教科书编者、文本之间的对话过程。"对话是人格对等基础上的心灵相约，对话是相互信赖氛围中的精神交融，对话也是教学相长情境下的切磋探讨。因此，语文课堂要精心设计并组织好不同对象，开展各种形式的对话活动，让学生实实在在地经历对话的过程，让学生在对话的场景中，展开思与思的碰撞，心与心的接纳，情与情的交融。

课堂教学过程中的对话是多元而又开放的。

首先，教师与学生之间的对话。在阅读教学过程中，教师与学生的对话主要是以文本为中介进行的平等的精神交流。教师作为师生平等对话中的"首席"，在对话的过程中，要注意把握教学目标和学生的阅读心理过程，或激发兴趣，或启迪思维，或引导点拨，给学生倾注浓浓的人文关怀。具体说来，上课伊始，教师可以设计简短而又富有情趣的导语，导入新课，也可以让学生围绕课题质疑，诱发学生的阅读期待；初读阶段，教师可以运用各种方法，激发学生的读书兴趣，使他们初步感知文本；精读阶段，教师在引导学生充分读书的基础上，运用多种方法启发学生进行情感体验，让他们走进文本，交流感受。

其次，学生与学生之间的对话。在这个对话过程中，学生可以交流自己的见解或提出自己的疑问，可以评价别人的意见或与别人进行争辩。在这样的对话过程中，学生互通有无，联手合作，共享成果，实现了真正意义上的自主与合作。

再次，学生与文本之间的对话。学生与文本之间的对话是多重对话关系中的核心。在与文本对话的过程中，学生应该敞开自己的心扉，将自身的体验和理解融注到文本的表达中，进入文本作者的内心世界，与文本作者进行心与心的交流和融通。初读课文时，应当给予学生一定的时间进行自主阅读，切不可只叫一两位好学生来读一下走过场。初读课文需要学生全身心地投入，因为文本是先于阅读而存在的一种凝固的物质形态，这种物质形态只是一些线性排列、静止不动的文字符号。阅读主体必须积极主动地去辨认这些文字符号，再按语义单位对它们进行分制组合并用发音器官顺畅地读出来，这才是初步完成了阅读。在精读课文阶段，必须设法激活文本的全部话语因子，让它们代表作者与学生对话，进行心灵沟通。在这个过程中，要引导学生站在自己的生活世界，采用读、背、说、写、演、做等形式与文本对话，与作者对话，让每一个学生都能感受到生命存在的价值，感受到精神相遇的愉悦，感受到心灵成长的幸福。

王尚文教授在《言语形式四题》中就小学语文教学指出："发现言语形式，关注言语形式，深入言语形式，从而把握它的奥妙，熟悉它的门径，学习它的艺术。"引导学生从语言文字的细节入手，对话一个字、一个词、一句话直至文章的段落篇章，反复推敲、潜心斟酌，就一定能让学生从中体会到语言的奥妙，感受到语言的温度，触摸到语言的质感。

（1）对话精妙传神的字词，用心推敲，体会文本语言的奥妙。字词只有放在文本中，放在具体的语言环境中，通过比较品析、诵读体味、激活情感等手法，才能引领学生感受语言文字的灵动、深刻内涵与无穷魅力。

在《槐乡五月》教学中，有这样一个教学片段：

师：槐乡的小女孩不是在走路而是在"飘"，老爷爷、老奶奶走路会飘吗？

生：爷爷奶奶太老了，手里拿着拐杖飘不起来。小女孩步伐轻快，所以能飘起来。

师：你看到什么会飘起来？

生：国旗会飘，树叶会飘……

师：小姑娘为什么也会飘呢？

生：她身上别着槐花，头上戴着槐花，是香味在飘。

师：如果今天挨老师批评了，你会飘起来吗？

生：不会，因为心情不好。

师：也就是说，心情愉快的时候才会飘。还有什么时候，你也会有飘的感觉？

生：考试100分，心情很高兴，会有飘飘欲仙的感觉。

师：对，一个"飘"字就写出了小姑娘飘散的花香、飘逸的身姿、飘飞的心情。看来"飘"是有生命的，有情感的。

本片段中，教师围绕"飘"字和孩子们进行对话：第一次对话，小姑娘和老年人对比，明白小姑娘轻盈的身姿才能飘；第二次对话，"飘"字写出槐花香飘十里，与文章意境相融；第三次对话，"飘"字和生活相连，是快乐心情的体现。这个"飘"字真是牵一发而动全身。通过对语言文字的品味，启发学生通过一个形象的动词来表达特殊的情感,真可谓"一字未宜忽,语语悟其神"。

(2)对话精彩典范的句段,用心斟酌,感受文本语言的温度。许多文本语言看似普通,却潜藏着作者遣词造句、表情达意的独具匠心。如果教师在细读文本时,不但能发现文本内在的"意",还能留心文本外的"言",在"言意"间穿行,捕捉那些特别的语言现象,那么,阅读教学的过程就会在这些语句中,变得有温度、有味道起来。

薛法根老师教学《我和祖父的园子》时,有这样的片段:

师:读着课文,哪些词语、哪些句子你感觉很特别?

生:(读片段)从这里我能感受到院子里生机勃勃。作者写花开、鸟飞、虫子叫好像都跟人似的,有了生命。

师:一切都是活的。花开了,就像——(生接:花睡醒了似的),活了吧?鸟飞了,就像——(生接:鸟上天了似的),活了吧?虫子叫了,就像——(生接:虫子在说话似的),活了吧?这三个句子结构相似,连在一起叫——(生:排比)。

从这个教学片段中,我们可以了解到薛老师在细读文本时,已经发现了文本语言表达形式的秘密,他先引导学生读句子,说说"哪些句子你感觉很特别"。当学生说出感受后,薛老师又引导学生体会句子的表达方式是"结构相似",此时,"排比"修辞手法的点拨也就水到渠成了。

(3)对话精心巧妙的构思,用心揣摩,触摸文本语言的质感。同样是薛法根老师教学《我和祖父的园子》时的片段:

师:读了这篇文章,我们知道作者就是要表现自己的童年生活多么——快乐、自由、幸福有趣。既然是写自己的童年生活,那又为什么花那么多的笔墨来写这个园子呢?

生:园子是她生活的环境。

生:有这么多昆虫、庄稼陪伴着她,她的童年生活才如此幸福有趣。

师:是的。(指黑板)看园子的这些特点、我的童年生活的特点,你发现什么了吗?

生:写园子丰富多彩,衬托童年生活的丰富多彩。

生:写园子里庄稼自由自在,其实就是写作者的童年生活自由自在。

师:这叫——(板书)借物抒情。

对于"借物抒情"写作手法的教学,薛老师没有硬生生地告诉学生,而是从关注文本入手,引导学生读课文、谈体会,进而研究写法。"既然是写自己的童年生活,那又为什么花那么多的笔墨来写这个园子呢?"通过这一问题的点拨,引发学生思考交流，最后点明，这样的写法就叫"借物抒情"。由此，学生不仅知道了"借物抒情"这一写法，也明白了怎样进行"借物抒情"的表达，为学生在今后的习作中运用此法做了很好的铺垫。

最后，学生与教科书编者的对话。教材的结构，课文的选择，课后的设练，无不体现着教科书编者的眼力和智慧。学生和教科书编者进行对话，其目的是让学生扩大阅读范围，能够从课文前后获取相关信息，把握单元主题，关注导读提示和课后习题等，使语文学习更有针对性，从而把课文的例子作用最大限度地发挥出来。刚开始引导学生做这件事的时候，教师要有耐心，从点滴做起，让学生在和文本对话的过程中能够逐步学会关注单元主题、前后课文的联系、导读提示、课后习题等方面的因素，实现与教科书编者的对话，从而不断提高对话的质量和阅读的效果。

（三）聚集核心价值目标设计教学活动

语文教学旨在培养学生以听、说、读、写能力为核心的语文素养，而听、说、读、写能力必然是在相应的听、说、读、写实践活动中逐步形成的。什么样的教学活动才能有效促进学生听、说、读、写能力的发展呢？

1.教学活动要对应教学目标

教学目标的达成需要相应的教学活动来落实，教师设计的教学活动应该始终围绕教学目标，每一项教学活动都应该对应相应的教学目标。

以《小露珠》一课为例，围绕"在教师的指导下用普通话正确、流利地朗读课文"这个教学目标，我们可以设计这样一系列的朗读训练活动：

（1）读熟短语。课文中出现了大量的短语，因有多个修饰语，学生一时难以正确停顿、流利朗读，唯有进行专门的层级训练，学生才能逐步掌握短语的基本结构和停顿、粘连、重音的朗读技巧，做到正确、流利地朗读短语。

（2）读通课文。组织学生自由地、大声地练习朗读课文，并选择自己难读好的段落当众朗读。朗读教学就是要在学生感觉最困难的段落上进行有针对性的指导，或示范、或指正、或反复训练……总之，就是要实实在在地帮助学生克服朗读中的困难，提高朗读水平。这样的训练才是真正的训练。而只让学生读自己喜欢的段落，或者读自己满意的段落，学生就很难得到真正需要的教学指导。

（3）情境演读。教师扮演小露珠，学生扮演小动物及花草树木。教师随机走到学生中间，向学生问早、问好，学生依据自己的角色礼貌地回复、问好。这个演读的训练，将课文中的对话训练转化为生活化的情境会话，使课文语言转化为学生自己的生活化语言，进一步提升了学生的朗读能力。

如此三项朗读教学活动，分别安排在教学的不同阶段，并且都对应着朗读教学的目标，教学活动扎实有效，朗读教学目标的实现自然水到渠成。如果只让学生自己去读，教师没有切实的指导与有目的的训练，学生的朗读能力就难以长进。

2.教学活动要力求递进有序

张祖彤先生曾经指出，凡是一流的教学方案，都应该是一个严谨的向心结构。向心结构，这个"心"很重要，"心"就是我们语文课堂要达成的核心目标。"心"确立好之后，便要努力使"学习过程结构化"，即向心结构不是简单的"活动叠加"，它要考虑环节之间的内在逻辑，既要遵循由易到难的认知逻辑，又要符合学习内容的内在逻辑和学生学习建构的经验逻辑。因而，它不是平铺直叙的，而是分层次递进的。

以《第八次》为例，教师围绕"学习抓要点听故事、讲故事的策略；明白'蜘蛛结网'和'布鲁斯第八次抗争'的内在联系，能展开合情合理的想象，替布鲁斯代言，撰写战斗动员书"这样的"向心"目标，设计了"听故事·记要点""借词串·讲故事""想象代言·扩写故事"三个层级递进的教学板块。在"听故事·记要点"板块，主要让学生读题质疑，并在听中解疑，厘清故事的起因、经过和结果；在"借词串·讲故事"板块，又分"练读课文，正确流利""化段为词，读准词串""借助词串，练讲故事"几个层次展开，既让学生练习抓住要点，讲好"蜘蛛结网"和"布鲁斯第八次抗争"两则故事，又让学生明白了"故事套故事"的表达方式，还让学生水到渠成地领悟到，这是一只不灰心、从头干、不怕失败、屡断屡结、永不放弃的蜘蛛；在最后的"想象代言·扩写故事"板块，则分"读说结合，走进内心""角色转换，表达代言"两个层次，让学生成为文中角色，体会并表达布鲁斯王子从蜘蛛结网中受到的震撼与启迪，并为布鲁斯代言，撰写战斗动员书，完成情境写话练习。

一堂阅读课一般可以设计三四个教学板块，每个教学板块都围绕核心目标，融合多项教学活动。这样每个教学板块都有充足的教学活动时间，可以实现多项教学目标，促进学生多方面的发展。

如《我和祖父的园子》一文，我们可以设计四个教学板块：①词语归类听写；②读悟园子景物；③体悟童年生活；④仿写"借物抒情"。其中每一个板块都综合了多项教学活动，例如第一板块的"词语归类听写"，要求学生听写三组词语。看似简单的听写活动，其实暗含了多项教学目标：①培养学生倾听的意识。听写时，教师每组词语只念一遍，要求学生听清楚，记住，再默写。由于每组词语有4~5个，学生若不专心地倾听，就会"前听后忘"。②训练学生短时记忆的能力。学生要在短时间内记住4~5个词语，需要方法与诀窍。有的学生运用"纲要信息法"，只记每个词语的第一个字；有的学生发现这几个词语之间的联系，运用归类记忆法。如此，学生的短时记忆容量就会逐步扩大，记忆方法也会日趋科学，记忆能力就会得到提高。③帮助学生归类巩固词语。这三组词语，勾勒出了课文的整体结构：先写园子里的昆虫，再写园子里的童年生活，最后写园子里的作物。这为学生进入下面的学习板块做了铺垫。饶有情趣的听写训练活动，使学生一举多得，教学自然卓有成效了。

3.教学活动要有一定向度价值

教学活动应在三个方面体现不同的向度价值：

（1）有效思维的"长度"。有效的阅读教学必定具有理智的挑战，没有思维含量的阅读教学难免肤浅而乏味。对于词句的理解、思想的辨析、写法的领会等，都需要学生积极的思维活动。不管是学生独立思考，还是群体交流、碰撞，都会让学生产生自己的见解、自己的思想。而思维的果实，才是学生最大的学习乐趣和动力。问题不在于数量多少，而在于是否有思维的质量与思考的空间，有挑战的问题才具有吸引力。可以说，有思维质量的教学活动才真正具有教学的力量。而那些一问学生就知道答案的问题实质上是虚假问题，不具有教学意义；那些仅仅指向课文思想内容而不指向课文言语智慧的问题，实质上也缺乏思维的"含金量"。

（2）情感体验的深度。任何教学活动唯有真正触及学生的精神世界和心灵深处，才具有情感的力量。我们应该避免那种贴标签式的阅读活动，总以为学生能用词语表达自己的喜怒哀乐，就得到了情感体验。事实上，情感体验是学生在静思默想中酝酿的，是学生在全身心投入的朗读中生发的，是学生在与课文内在的情感产生共鸣时形成的。因此，教学活动宜让学生有足够的时间直面课文，潜心会文，教师应做个"红娘"，在学生情感体会不到的地方"穿针引线""牵线搭桥"。

（3）语言训练的宽度。教学活动的外在形式主要就是学生的听、说、读、写活动，而活动的凭借就是语言，是言语实践活动。既然是教学，必然有教师的指导与训练，这有别于生活中自然状态下的言语交际活动。在课堂教学活动中，我们设计的言语训练活动必须能够促进学生发展，而不是在已有水平上的简单重复。有的教师在学生理解、感悟课文思想内容之后，往往让学生将自己此时的感想用文字写下来，以为这是进行写的训练。其实，这样的活动仅仅是让学生写作业而已，对于提高学生的写作水平，基本上没有太大的促进作用。有效的写是需要有要求与指导的，如教学《我和祖父的园子》后，鼓励学生将课文中描写作物自由自在的段落背诵下来，并模仿这种特殊的表达方式"……愿意……就……，想……就……"，写一写"我"在园子里自由自在的童年生活。让学生在仿写中进一步加深对"自由、快乐、幸福"的体会，这样的写作活动才是有宽度的，才能进一步丰富学生的表达方式，促进学生言语智慧的发展。

不管是什么样的教学活动，都应该给学生足够的活动时间，让每个学生都能充分地实践，不要为了赶进度而造成"夹生饭"；不管是什么样的教学活动，都应该让尽可能多的学生参与实践，不要让少数优秀学生的活动掩盖了全体学生的活动现状。

总之，语文教学应该充满语文的滋味。语文教学离不开字、词、句、篇，离不开听、说、读、写，离不开理解、感悟、积累、模仿迁移等实实在在的语言实践活动。在这些教学活动中，要让学生直面文本、触摸文字，让学生有足够的时间和空间，更充分、更自主地学习，促使学生从具体的语境中学得言语结构，习得言语能力，并能在新的问题化语境中加以运用，实现言语的交际功能，获得成功的言语体验。

当语文课超越了课文内容的解读分析，落实了课程目标，每节语文课一定会具有由内而外的"魅力"，成为"启迪智慧"的课堂，成为学生语文素养生长序列中的重要一环。

六　优化·教学策略

　　课程标准指出，语文课程应致力于学生语文素养的形成与发展。语文课程应激发和培育学生热爱祖国语文的思想感情，引导学生丰富语言的积累，培养语感，发展思维，初步掌握学习语文的基本方法，养成良好的学习习惯，使他们具有适应实际需要的识字写字能力、阅读能力、写作能力、口语交际能力，正确地理解和运用祖国语文。同时，语文课程还应通过优秀文化的熏陶感染，提高学生的思想道德修养和审美情趣，使他们逐步形成良好的个性和健全的人格，促进德、智、体、美诸方面的和谐发展。语文素养是学生学好其他课程的基础，也是学生全面发展和终身发展的基础。

　　语文课程的多重功能和奠基作用，决定了它在九年义务教育阶段的重要地位。阅读教学作为语文教学的重要一环，是培养学生语文素养的关键，因此如何切实做好阅读教学，就成为广大教师探求、追寻的方向。作为一名小学语文教研员，我把如何谋划阅读教学策略，提高阅读教学效率，摆在了重要位置。

（一）聚焦课堂教学行为，反思阅读教学问题

1.教师缺乏对文本深刻解读

　　教学中，教师由于多种原因，在文本解读上做得不够，主要存在以下几种现象：

　　（1）对文本的钻研意识不强。教师常常会有意无意地沿袭自己以往对教材的解读，在创造性地运用教材方面思考得很少，习惯上依赖教学参考书来替代自己对文本的解读。

　　（2）对文本的研究能力不够。首先，缺乏学习。语文教师一般身兼班主任，事务多，很多时候忙于事务性工作，缺乏对文学作品的经常性研读，因此许多语文教师自身文学素养停留在原有水平上，思想、观念、文化意识更新也不快。这

些都影响教师自身对文本的解读。其次，底蕴不足。语文教师对学生各阶段能力发展要求的模糊认识导致对文本价值的认识不到位。教材文本的解读具有特殊性，教师只有立足学生，对文本价值有充分的认识，才会有恰当的解读。

2.轻视学生的个性化阅读

在阅读教学的课堂教学中，学生的个性化阅读被轻视淡化，教师往往以自己的思考和经验代替学生自身对文本的感悟和思考，师生对话、生生对话虽然多了，课堂虽然热闹了，但学生与文本的对话少了。阅读过程由教师包办代替，学生只满足于听懂讲解和被动训练，缺少举一反三、主动迁移运用的能力。对于学生而言，阅读是与课文的直接对话，是与作者情感相互交流的过程，应允许学生对课文有自己的正确理解和思考，允许学生对课文内容进行体验和交流，使学生受到情感熏陶，获得思想启迪，享受审美乐趣。

3.忽视语言的积累运用

阅读教学一直存在这样一种误解，以为学习语言的关键在"理解"，只要理解了，就自然而然会运用，但真正积累下来的并不多。我们一直把阅读教学的重点放在培养学生阅读分析文章的能力上，而严重忽视了语言的积累，很少进行运用语言的训练，导致语文课堂教学中"理解语言"和"运用语言"的训练时间分配比例严重失调，很多学生在看完文章后，虽然理解文章内容，但就是无法用语言表达心中的感受，无法灵活运用自己的阅读理解能力。

4.教学方法不能很好运用

小组合作学习成为新课程改革倡导的主要学习方式之一。于是，在一些教师的观念中，课堂上就应该组织学生分组讨论，不讨论就不足以体现出新课改的理念，结果课堂上"小组讨论"蔚然成风，不管问题有没有讨论价值，不管时机是否成熟，不管时间是否充裕，教师只要一声令下，学生立刻前后左右就近组合，迅速进入合作学习状态，开始有模有样地探究。几分钟之后又是一声令下，合作学习状态便戛然而止，每个学生迅速回位，准备汇报。整个过程中，既看不到合作的必要，也感觉不出合作中的分工协作，把合作学习简单地处理成讨论会，表面的热闹掩盖了实际的滥竽充数，小组合作探究成了课堂上的装饰性道具。

5.不必要的活动太多

有些教师有意无意把语文课上成了思想品德课和活动汇报课。有些教师设计的活动有粉饰门面之嫌，或为展示自己的表演才能，或只以新奇的形式取悦学生，唱一段、舞一曲、演一出，可谓十八般武艺全用上，煞费苦心，弄得人眼花缭乱。这些活动已经脱离了文本和正常的教学内容，成为课堂教学的"游离"成分。尽管表象上师生、生生之间都积极参与活动，课堂气氛异常炽热，但最终也只能是一出无意义的"闹剧"，因为40分钟的课堂被花样繁多的活动分割得七零八落，阅读教学失去自我，成了表演的舞台。

（二）基于学生核心素养，探讨阅读教学策略

面对小学语文阅读教学目前存在的问题与不足之处，我们希望能够探索更有效的阅读教学策略，从而提高小学生的阅读能力与语文素养。多年来，我在教学实践与研究中，对小学语文阅读教学策略方面进行了积极的探索与实践。

1.创设情境氛围，激发阅读兴趣

德国教育学家第多斯惠曾说："教学的艺术不在于传授本领，而在于激励、唤醒、鼓舞。"兴趣是学习的不竭动力，是学习成功的秘诀。因此，教师要根据学生特点，抓住学生学习思维活动的热点和焦点，通过各种途径，创设与教学有关的教学情境，营造轻松和谐的对话氛围，激发学生的阅读兴趣，引发学生的情感体验。如在导入《最佳路径》一文时，用多媒体播放学生熟悉和喜爱的米老鼠、唐老鸭等动画片片段，创设情境，介绍迪斯尼乐园在世界上的影响，同时结合课文中的"白雪公主和七个小矮人"插图来告诉学生，本文叙述的正是孩子们喜爱的迪斯尼乐园的有关故事。激发学生学习的方法很多，教师要从学生的立场去考虑教学的方法和手段，选择学生喜欢的形式进行教学活动，只有这样，才能产生最优的教学效益。

2.有效设置提问，感悟文本内涵

（1）要有针对性。教师所提的问题，既要针对学生的年龄特征、知识水平和学习能力，又要针对教材的重点和难点。而且教师发问时要心中有数，用不同的方式提出不同类型、不同层次的问题。教师提出的问题要能展示知识的内在联系，要有针对性，只有这样，才能激发学生对问题的兴趣。

（2）要有思维容量。教师的提问应该能激发学生思考，促进学生思维发展，培养和提高学生的探究能力。学生在回答这样的问题时，教师不能轻易否定学生的思维成果，不要把自己的意见强加给学生，只要学生说出的答案没有原则性的错误，就应该予以肯定。

（3）要目的明确。提问是完成教学目标的方法和手段，是为突破教学重难点服务的。一篇课文或一节课的提问设计，应当有明确的教学目的，有助于逐步加深学生对课文内容的理解，有助于训练和培养学生的语文综合能力。

（4）要抓住重点。每篇课文都有它本身的语言逻辑、语言形式、结构规律，我们没有必要对它的每一个语言现象、段落结构进行提问。我们应抓住关键处进行提问，做到有的放矢、以点带面，让学生有想象的空间、思考的余地。具体地说，可以抓如下几点：

抓题眼。所谓题眼就是一篇文章或课文题目中的关键词，犹如一个人的眼睛，透过它就能看出人物的内心世界。

抓文眼。课文中有不少能够直接提示文章中心内容的语句，这就是文眼。教学中应提纲挈领，由少及多，通过它带动学生进行举一反三的思维训练。如苏教版语文四年级上册《九寨沟》中有这样一个中心句："九寨沟真是个充满诗情画意的人间仙境啊！"这一中心句概括了前文的全部内容，具有极大的信息量，利用它可以展开一系列的语言文字训练。

抓重点。有些重点语句、段落，内涵深蕴，含义深刻。教学时，要层层深入剖析，以帮助学生理解课文，受到启发、教育。如一位老师在教学《徐悲鸿励志学画》时，提了这样一个问题："同学们，你是从哪些地方读懂'功夫不负有心人'的？"这位老师就是抓住"功夫不负有心人"这个重点语句组织教学，从大处着眼，有效地为学生感悟文本并和文本进行对话创设了广阔的背景。适时有效的课堂提问是非常重要的教学手段，教师只有充分利用这一手段，才能牢牢控制课堂教学的节奏和方向，从而更好地走进文本，感悟文本，对话文本。

3.倡导个性阅读，重视阅读体验

语文是人文性很强的学科，大多数阅读文章都包含着浓厚的感情色彩。阅读又是学生的个性化行为，所以在阅读中要关注学生的情感体验，充分尊重学生鲜活的生命存在，牢固树立学生的主体地位。学生只有直接面对文本，潜心读书，才能获得个人的理解、体验和感受。阅读还是一种从书面符号中获取和转换信息的过程，其特点是独立性、个体性。这一过程教师的讲解代替不了，学生的合作学习也取代不了，必须靠自己在阅读中边读边想，开启心智。在阅读教学中，教师要营造良好的氛围，使学生回归常态，沉浸其中，真正读进去；要给足时间，使学生有比较充裕的时间读、思、画、批。

在阅读过程中要落实"对话"的理念，转变教师的教学方式和学生的学习方式。教师是阅读活动的参与者、引导者，要鼓励学生积极探索、独立思考、敢于发表自己独特的见解。改变原有的单纯接受式的学习方式，建立并形成旨在充分调动、发挥学生主体性的学习方式。以读为主，在自读自悟中，在边读边思中，在相互讨论中，在小组交流中，在合作学习中，动口、动脑、动手去学习阅读，理解词句。这样学生有自己的心得，有自己的看法和疑问，有自己的评价，有自己的体验，有自己的欣赏品位和审美情趣，让阅读过程真正成为快乐的精神体验过程。

同时，"学贵有疑"，知识往往是在解决问题的过程中获得的，而提出问题是解决问题的必要前提。阅读也不例外，要抓住重点，抓住关键问题，提出有价值的问题，这种能力对学生阅读水平的提高具有重要作用。因此，在阅读中要提出自己的疑问，要探讨疑难问题。只有这样，才能真正培养学生的语文实践能力，提高学生的语文综合素养。

4.加强"读"的训练，提高阅读能力

从"读书百遍，其义自见"这句话中便可知我国古代的教学方法对背诵十分重视，但在现代人眼中似乎十分落伍，实际上古人这样做是有道理的。阅读教学的基本模式为：初读课文——感知课文内容；精读课文——学习重点段；品读课文——走出课文，扩展视野。从中可以看出读是阅读教学的精髓，是阅读教学的生命线。我们要让学生理解地读，传情地读，读出韵味，读出感情，从读中真正体会到祖国语言文字的优美。如在教学《军神》时，教师开课时即板书"军神"，让学生先谈谈读题后的疑问。此时学生的兴趣很大，争先恐后地表达自己内心所想：有的说"军神"是一个军队中武艺高强，特别能打仗的军人；有的说"军神"是像诸葛亮一样会神机妙算的军师……同学们听着伙伴们的回答都把猜测的目光投向了老师。面对一个个天真活泼、求知欲很强的孩子，老师因势利导地说："你们刚才的想法都好。那么课文中的'军神'指的是谁呢？请同学们认真地大声地自由读读课文后就知道了。"这样一下子就激起了学生阅读的兴趣，当同学们读完课文后，很容易就找到了答案，"军神"指的就是刘伯承。老师紧跟着又说："沃克医生为什么会称刘伯承为'军神'呢？请同学们默读课文。"默读后从纷纷举起的充满自信的小手上可以看出，学生已经找到答案了。老师再次顺势利导："你觉得刘伯承怎样？是位'军神'吗？你敬佩他吗？请用你们有感情的朗读声告诉老师。"顿时，整个课堂气氛活跃，同学们读得声情并茂，对刘伯承的敬佩溢于言表。老师很智慧地通过自由读、默读、诵读等让学生了解了课

文，奠定了文章的情感基础，下面的教学便水到渠成。通过以上例子可以看出，让学生读代替教师讲，能更好地达到阅读教学的目的，真正让学生成为学习的小主人。

5.巧用恰当评价,激活阅读内驱力

教学评价激励是实施阅读教学的必然保障，教学评价也是教育教学的润滑剂，无论是在课内，还是在课外，都对学生的阅读实践活动起着重要的导向作用。教师进行不同的评价活动直接影响学生的阅读水平。因此，对于学生阅读的理解，教师要随机应变地进行多元评价。作为教师应紧紧抓住课堂评价语言这一法宝，在教学中利用文本内容进行巧妙评价，激活学生的情绪，创造一种美妙的语境，让课堂评价语言真正发挥其独有的魅力，使被评价的学生都能得到学习成功的满足，都能提高学习的兴趣，都能更加积极主动地投入学习。

于永正老师曾在一次公开课上让一位男同学读课文，这位同学把课文读得正确、流利而又声情并茂。于老师听完他的朗读后主动走上前去，微笑着和这位男生握手，并真诚地说："你读得太好了，播音员也不过如此。在读这篇课文上，我不如你，我和同学们想再听你朗读一遍。"话音未落，听课的老师和同学报以热烈的掌声，这掌声是送给精彩表现的学生，更是送给对学生进行真诚评价的于老师。在这样充满爱意的课堂中，学生展现了蓬勃的生命活力，享受到了语文的欢乐。

6.加强读练结合,提高综合能力

叶圣陶先生说："中小学语文教学中，基本知识和基本训练都很重要，我们更要重训练……""多年来我一直认为，语文课的主要任务是训练思维，训练语言（同时也训练思想品德），而思维能力和语言能力，儿童时期打下的基础极为重要。"如果学生在语文课上只是感悟，只是一读到底，只是一味探究，而听、说、读、写能力不过关，那么语文课程对学生的人文熏陶、生命发展就无从谈起。因此，语文课应该把"练"放在突出的位置上。我们的语文阅读教学只有让"读"与"练"结合，在课堂中做到以读为本，读练相融，才能让学生真正积累语言、感悟内化语言、迁移运用语言，才能全面提高学生的语言运用能力和语文素养，我们的阅读教学才真正扎实有效。

如在教学《最后的姿势》时，老师在教学的最后设置了"读写结合，深化情感"环节，并说："读了这篇文章后，相信谭老师最后的姿势已深深烙在了同学们的心中，大家一定都被谭千秋老师大爱的精神所感动，此时你有何感想呢？你

想对谭老师说些什么呢？请用几句话写下来吧。"被感动着的同学们纷纷拿起手中的笔，表达他们心中对谭老师的敬佩之情。这个环节的读写结合设计，不仅加深了学生对文本的理解，也深化了学生的情感，突破了本文的教学重难点。

7.引导合作探究，提高阅读质量

学生是学习和教学的中心，因而在阅读教学中我们要充分调动学生自主阅读和合作阅读的积极性。目前小学语文阅读教学已有很大的改进，如教师在课堂上改"教师讲"为"引导学生读书"，重视学生质疑，组织学生合作学习。但都因时间短，没有真正放手让学生讨论，没有达到预期的学习效果。

要提高合作学习的质量，首先要对学生进行合理的分组。在建立合作学习小组时，教师要根据学生的个体化特征、心理倾向、认知结构、接受能力等方面的差异，将全班学生分为不同层次，再把不同层次的学生重新组合，分为多个小组。每个小组都是全班的缩影，既有利于优等生带动中等生的"拔高"学习，又能帮助后进生的"达标"学习，还有利于在小组中形成互帮互促的学习氛围。其次是分工合理、内容恰当。为了最大限度地提高学生的参与率，要求每个成员在小组里都要担任一个具体的角色，这样才能在合作学习中得到锻炼。合作学习的目的是让每个学生尽可能地参与学习活动，从而掌握知识，提高能力。因此，选取合作的内容要有一定的趣味性，具有合作的价值，具有一定的深度和可评估性。科学的评价是合作学习有效开展的关键，为下一次开展合作学习打下了基础。教师要根据学生的实际情况制定不同的评价标准，给予达标者鼓励性的评价，同时还要引导学生进行反思，使其体会到自己的进步，消除后进生的自卑感，使其增强自信心。实施评价时，不仅要评价学生的成果，还要关注学生合作学习的过程；不仅要评价每个学生的参与情况，还要关注小组的整体情况；不仅要评价学生的学习水平，还要关注他们在合作学习中表现出来的合作精神、投入程度以及情感与态度。

8.讲究语言艺术，提升阅读效率

这是阅读教学语言的示范性对语文教师的起码要求。马卡连柯说："同样的教学方法，因为语言不同，就可能相差十二倍。"苏霍姆林斯基也曾强调：教学语言"在较大程度上决定着学生在课堂上脑力劳动的效率"。语文教学的基本手段是教师以自己活的语言向学生传授知识，培养其语文能力，并对其进行思想教育和审美教育。即使在现代化教学手段普遍应用的时代，语文教学这一基本方式和特点也是不会改变的。从这个意义上说，语文教学，尤其是阅读教学，永远都是语言运用的艺术。

语文阅读教学艺术化要求教师的教学语言必须有独特的风格。或善于条分缕析、准确严密地阐明事理；或善于形象生动、绘声绘色地描述事物；或善于简明扼要、冷静客观地叙述；或诙谐幽默、富有情趣，善于诱发学生学习的浓厚兴趣；等等。无数事实证明，一个语言表达颇富特色的语文教师，对学生在语言修养方面的影响是不可估量的，甚至使某些学生终生难忘，终身受用。所以，欲实现阅读教学艺术化，教师必须着意学习和训练教学语言，讲究口语艺术，使自己的教学语言本身成为学生学习的典范。

（三）优化阅读教学策略，处理阅读教学关系

就语文课程和语文教学来说，当前语文教学费时多、收效微、学生负担重的情况依然存在，严重阻碍了语文课程教学改革的发展进程。就语文阅读教学来讲，我们应致力于语文阅读课堂教学的实效性，要在有效时间内提高学生的阅读能力，提升学生的语文素养，因而在优化阅读教学策略的同时，应处理好以下关系。

1.在教学目标上，处理好每一课的教学目标、阶段目标和小学阶段总目标的关系

教师在现有情况下，必须充分明确和全面把握课程标准规定的小学阶段语文教学目标，特别是语文知识能力、方法习惯方面的目标。在教学每一课时，教师必须在教学行为中体现当前的教学目标、较长一个阶段的教学目标和小学阶段语文教学的总目标。为了达到各层次上的教学目标，教师应致力于解决学生当前存在的疑难问题，着眼于学生语文学习兴趣和爱好的培养，注重提升学生的语文素养和综合运用能力。例如小学低年级阅读教学的目标主要是培养学生阅读的兴趣，在阅读过程中识字、学词。识字、学词是低年级阅读教学的主要目标和任务。能够通过朗读或借助图画阅读来了解重要词句的意思，积累好词佳句，可视为完成了低年级阅读教学的目标。在教学目标的实现过程中，还存在教学目标无法实现或无法全面、彻底实现的情况，即教学目标不到位。比如，学生还没有把课文中的字、词、句、段朗读正确，就要求他们读出感情来，这显然是不现实、不科学的。将课文读正确，谈何容易？每个字的字音要读正确，不仅指生字字音，还包括多音字、轻音、儿化、变调等，都要读正确；要不丢字，不添字，不颠倒字，不重复字句；还要读出停顿……如此繁多的学习目标，完成起来并非易事。读正确尚且达不到，就要求学生读出感情来，这只能导致教学目标不到位。

教学目标越位的情况也有。小学低年级阅读教学不应过度关注和严格要求学生对课文"形成理解"，实际上，使学生掌握重点词句，大概了解课文意思就可以了。很多教师不满足于较为"初级"的阅读教学目标，而向小学中高年级的阅读教学目标看齐，在指导学生理解课文上下了很大力气，甚至要求学生概括课文主要内容、体会作者的思想感情等，结果造成教学目标越位。教师在设置某篇课文的教学目标时，应做到简要、明确，把要达到的目标表达清楚，最好把达到目标的方法、策略也标出来。以《荷花》的教学目标为例，第一层目标是识字、学词，读准生字字音，了解词义，正确书写；第二层目标是有感情地朗读课文，在读中体会作者的情感；第三层目标是感悟作者笔下荷花的特点，体会"抓住特点，展开想象"的描写方法。这样提出教学目标才比较符合学生的特点。

2.在教学内容上,处理好教科书和其他教学资源的关系

一篇课文中存在很多空白和不确定性，不同教师从教学内容中挖掘出的内涵不同，教法也不同。以往的语文阅读教学习惯于一篇篇地分析课文内容，很多时候都在进行无效劳动，学生所得有限，教学内容或过于简单，或过于空泛，造成语文阅读教学的效率低下。在教学内容的确立上，应"依标扣本"，即依据课程标准，紧扣教科书。在备课时，教师应对教学内容做进一步筛选和取舍，做到教学内容简约适度。一篇课文值得教学的东西太多了，我们必须采取"弱水三千只取一瓢"的态度。第一，要以课文为载体，发展学生的语言能力，培养学生的学习习惯。教师钻研教科书，应将重点放在钻研课文的语言形式和表达方法上，而不是放在怎样进行繁琐的分析上。第二，不能只满足于教科书上的内容，要有资源意识，要丰富课程内容。教师在有限的教学时间内要让学生多学一点，多读一点，多练一点。在教科书上做减法，压缩教的时间，精减教学过程，腾出时间指导学生读与教科书相关的文章和书籍。

3.在能力培养上,处理好多元解读和阅读导向的关系

让学生在阅读的过程中获得真感受、真体验，这是课程标准所倡导的。使学生通过阅读获得独立见解，培养其独立阅读能力及创新思维能力，是语文阅读教学必须完成的任务，而完成这一任务的重要途径就是倡导学生对课文进行多元解读。但在实际教学中，教师在处理学生多元解读和教师阅读导向的关系时存在偏差，即让学生随心所欲地解读，导致解读过程不着边际，甚至笑料百出。因此，教师必须提高自身水平，处理好多元解读和阅读导向的关系。

4.在备课上,处理好钻研教科书和进行教学设计的关系

在教学调研过程中,我发现有些教师对钻研教科书不够重视,把很多精力放在收集资料和制作课件上。事实上,教师在进行教学设计前,必须反复读课文,不仅青年教师要这样做,有经验的老教师也要这样做。

袁榕老师上过三次《乌鸦喝水》的公开课,进行了三次不同的教学设计,她认为,认真钻研教科书是必要的,只有正确解读才能正确地教。现在有些教师不大关注课文的内涵和意蕴,而是急于寻找参考资料,从网上搜寻现成的教案拼凑到一起,这是非常盲目且不负责任的。教师一定要认真筛选教科书内容,突出语言的训练,在理解课文方面不要低估学生的认知水平,在达到理解目标时不要脱离课文的语言而进行架空的分析。在筛选内容时,要少而精,符合教学目标,难易适度。总之,在钻研教科书时,一定要了解作者的写作意图和编者的编辑意图,把内容、语言、写法结合起来体会;既要"得意"又要"得言",一定要抓住语言文字这一主线。比如,有的课文景美情深,就可以"以读代讲";有的课文语言上有特点,就要引导学生品味课文的语言;有的课文在句式、构段上,在整篇课文的表达方法上有特点,就要在这些方面下功夫。

5.在教学过程上,处理好预设和生成的关系

预设是教师课前对教学目标、内容、过程和方法进行的设计;生成是在教学实施过程中,对教学目标、内容、过程和方法进行的调整以及教师运用自己的教学机智和科学的调控方法提出的有价值的问题以及解决问题的新思路,还包括学生提出的出人意料的想法和有价值的问题等。预设是前提,生成是关键。预设要尽可能符合教科书的内容、学生的情况和教师的实际,特别是预设的目标,应当贴近学生的最近发展区。生成教学最能体现问题解决的过程,这就要求教师要营造民主、宽松、愉悦、和谐的教学氛围,充分发挥学生的主动性和积极性,使学生有问题随时可以提出,有意见随时可以发表,在师生、生生的互动交流中,碰撞出思维的火花,生成知识、方法和能力。在一次全国语文教学比赛中,有位教师执教《鸟的天堂》时,对文中"逼近"一词用得是否得当进行了全班讨论。一名学生说:"我们平时习惯用'靠近''接近',用'逼近'不合常理。"他的说法引起了其他学生的共鸣。有的学生说:"人有压力时才用'逼近',作者乘着小船去鸟的天堂,谈不上有压力,因此谈不上'逼近'。"还有的学生说:"'逼近'有紧迫、速度快的意思,但文中没有'快'的意思。"教师没有反驳学生的观点,而是说:"小船当时走得确实不快,作者的心情确实很放松,但文中用的是

'逼近'，而不是'靠近'，看来这值得我们推敲。请大家翻开书，再认真读读相关的部分，思考一下再发言。"学生认真、充分地重读了课文。之后有的学生说："再读课文，我想通了，我觉得'逼近'这个词用得非常准确，因为河面变窄了，榕树看起来又高又大，有气势逼人的感觉。"教师说："好，你能联系上下文思考，这是很好的读书方法。"还有学生说："高大茂盛的榕树一下出现在巴金爷爷面前，他急切地想看到大榕树，这里用'逼近'表达了作者的急迫心情。"教师充分肯定学生："你抓住这个词语，体会到了作者的心情，真棒!"这位教师善于抓住问题，又善于因势利导，依靠学生群体的智慧解决了疑问，同时找到了读书的方法。

6.在阅读技能上,处理好精读、略读和浏览的关系

精读、略读和浏览是三种阅读技能，也是三种阅读方法，这三种阅读方法的训练要贯穿在整个小学阶段。精读是培养学生感受和理解课文的能力，在阅读过程中习得阅读方法；略读是粗略的、不做深究的阅读，是引导学生运用在精读中习得的方法，通过较快的阅读来粗知课文大意；浏览是指一目十行地看，甚至要跳看，浏览除了用于平时的消遣阅读，还有一个功能是用很快的速度捕捉到自己需要的有用信息。在整个小学阶段的阅读教学中，从低年级到高年级，应逐渐培养学生精读的能力，教会他们阅读的方法；通过略读让学生读更多的东西，进一步培养和提高他们整体把握的能力；培养高年级学生浏览的能力，通过指导学生读更多的文章、资料甚至整本书，来培养学生寻找、整合所需信息的能力。我们不仅要改变阅读教学方法，还要增加教学容量，增加略读、浏览的内容。

7.在综合能力培养上,处理好学读和学写的关系

语文教学的本质是听、说、读、写并重，而我们的阅读课常常只管读不管写，也有的把写作为点缀。以往的阅读教学效率低，不仅表现在学生的阅读能力差上，还表现在读写分离、只管读不管写的问题中。小学中年级的阅读教学，可以让学生在熟悉课文语言材料和写作方法的基础上仿写句子，比如按时间的顺序或按事情发展的顺序来写一篇小短文。小学高年级可以让学生学习课文中写人的方法、记叙的方法、描写的方法、状物的方法，仿照着写人、记事、写景、状物。教师要结合阅读教学进行经常的写作训练，比如让学生写读后感，进行续写、仿写、改写等。有些教师让低年级学生画一幅简单的画，然后在画的旁边写句子，采取文画相配的形式，学生很有兴趣。有些教师让学生分组写循环日记，一人一篇，这种日记传下去，不仅训练了学生的写作能力，还对学生之间的情感

交流大有益处。

8.在学习途径上,处理好课内学习和课外提高的关系

课内学方法,课外求发展,这是新课程改革提出的一个重要思想。语文学习要"两条腿走路",一条"腿"是"有师指导",另一条"腿"是"无师自通"。教师应该让学生在生活中、在自然中、在社会中、在广阔的天地里学会用语文,体会并实践语文的"有用性"。阅读教学应尽可能地扩大学生的见闻,开阔学生的视野,鼓励学生多走走、多看看、多感悟、多思考;让学生在完备的课堂学习和丰富的社会实践中观察、思索、行动,为语文学习积累素材,为心灵成长寻找机遇,为全面发展搭建舞台。

总之,阅读教学是小学语文教育中的关键部分,我们在教学过程中要基于学生核心素养的培养,努力探讨阅读教学策略,探索学生有效学习语文的方法,以达到学习效益的最大化。同时,在努力探讨阅读教学策略中,还要正确处理好阅读教学的几个关系,这样才能真正实施好阅读教学课堂的有效性,才能真正把提高学生的核心素养落到实处,为学生进一步学习打下坚实基础。

七　增效·课堂模式

　　传统的教学模式以教师讲授为主，强调教师的主导作用，学生被动地接受知识，忽视了学生主观能动性和能力的培养。现代教学将教和学相结合，是师生交往、互动、共同学习的过程。在阅读教学中，我们应当努力为学生创造更广阔的学习空间，让他们注重对语言的感悟、积累和运用，在自主、合作和探索中发展能力，在开放、活泼的语文课程中快乐地学习。

（一）不同阅读课型的教学模式

　　课堂教学的课型指课的类型或模型，是课堂教学最具有操作性的教学结构和程序。研究课型，有助于教师更好地掌握各种类型课的教学目标、教学结构、教学方法等方面的规律，提高教学设计、实施和评价的能力。小学语文阅读教学大致可划分为精读课、略读课和课外阅读指导课三种类型。

1.精读课

　　（1）基本特征。精读课是以深读为基础，以全面训练学生的语文素养为特征的综合性阅读课型。教学任务包括阅读理解、情感陶冶、知识习得、语言积累和语言运用几个方面，以培养学生语文能力为核心。

　　（2）教学模式。初读课文，整体感知。上课伊始，可根据教学需要和学生的年龄特征，创设一定的教学情境，以激起学生学习课文的动机和兴趣；接着指导学生默读和浏览课文，要求学生读准生字、读顺课文，思考后讨论类似"这篇课文主要说了哪几件事情"这样的带有整体把握的问题。这样安排的目的是使学生从整体上形成对课文的感性认识，并能初步提出一些自己尚未弄懂的问题。

　　精读课文，深入感悟。深入感悟是指学生对课文的主要内容、人物情感和重要词句有比较深刻的感受和领悟，而要达到这一要求，学生必须围绕课文的重点来深读，教师应引领学生围绕所提出的关键问题反复阅读课文。教师的指导要以学定教、顺学而导，不以教学设计牵着学生走，而是根据学情的变化来调整教学设计。

研读品读，深层体悟。教材选编的精读课文中，有一批涵义很深的课文。这些课文不仅有表层的描述，还有深层的意蕴。如描写事物的，以事喻理或托物言志；描写景物的，寄景抒情；描写人物感情的，则情中有情……学生要弄懂这些课文，必须采取一个重要步骤，那就是要对重点段落进行研读和品读，只有这样才能达到对课文深层意蕴的体验和领悟，在思想上、情感上产生共鸣。

熟读成诵，尝试运用。在学生熟读成诵的基础上，让学生以口头或书面表达的方式初步运用所学的语言文字来表达自己学习这篇课文的体会，其目的在于促进学生把自己感悟最深的语言文字和思想情感初步转化为自己的语文能力，为全面提升自己的语文素养奠定基础。

（3）案例赏析。

《人类的"老师"》第二课时教学案例

师：上节课，我们初读了课文《人类的"老师"》，现在来复习一下。先听写生字词，准备好笔和本子，请两个同学上黑板写。（教师念："机毁人亡""教训""均匀""坦克""节省"。学生写后，指名订正黑板上的生字词，再自我订正。）

师：课文中人类的"老师"指的是什么？

生：鱼儿、鸟儿、蜻蜓、鲸、鸡蛋、袋鼠、贝壳。（师板书）

师：老师写几个词（飞机、轮船速度、潜水艇、薄壳建筑、坦克、越野汽车），请大家把两类有关系的词语连起来。（指名连线）

（评析：这里的复习，除巩固上节课所学字词外，还检验了学生对课文内容的整体把握情况，又为接下来的教学牵线搭桥，可谓一箭双雕。）

师：看来，上节课同学们对课文内容掌握得不错。（手指"鱼儿——潜水艇"）课文哪一句写了它们的关系？打开课文，找一找。

生："科学家从鱼儿在水中自由升降的现象中得到启示，发明了潜水艇。"

师：（投影）读读这句话。（生读）像这样的句子在第四自然段中也有，自由朗读第四自然段，找出与这一句表达相似的句子。（生自由朗读）

生："科学家认真研究了鸟类飞行的原理，终于在1903年发明了飞机。"

师：（投影）一起读一读黑板上的两句话，比一比、想一想它们在写法上有什么相同点？

生：这两句话都是写科学家从什么身上明白了什么，发明了什么。

师：不错，发明了飞机，后来怎么样了？再读这一自然段，找出相关语句。

生：30年以后，由于飞机……造成机毁人亡的惨祸。

师：想一想造成机毁人亡的原因究竟是什么？

生：是因为飞机速度提高，机翼因剧烈抖动而破碎。

师：原因找到了，后来呢？

生：后来，飞机设计师造出了许多具有各种优良性能的新式飞机。

师：从机毁人亡到性能优良，为什么会发生这样大的变化？文中怎么说的？

生："过了好久好久，人类才从蜻蜓那里找到了防止这类事故的方法。"

生："原来，每只蜻蜓的翅膀末端，都有一块比周围略重一些的厚斑点，这就是防止翅膀颤抖的关键所在。"

师：再读这一句，想想看，科学家的哪个发现最重要？

生：我认为是翅膀末端。这是说了具体位置。有了这具体位置，才能给制造新式飞机提供办法。

生：我认为"厚斑点"三个字也是重要的。因为它说了科学家发现了蜻蜓翅膀末端有什么，这样才可以学着给飞机加上厚的东西。

师：是的，这两个发现是重要的。所以人们会发出这样的感叹——（投影："要是早知道这一点，科学家可以少花多少精力呀！"学生读这一句话。）

师：大家想看一看蜻蜓翅膀末端的厚斑点吗？

师：（出示：科学家从蜻蜓身上_____，造出了_____。）请大家把这句话说完整。

生：科学家从蜻蜓身上发现了它翅膀末端都有一块比周围略重一些的厚斑点，造出了优良性能的新式飞机。

生：科学家从蜻蜓身上找到了防止翅膀颤抖的关键所在，才造出了各种优良性能的新式飞机。

生：科学家从蜻蜓身上发现它的翅膀末端有一块厚斑点，这是防止翅膀抖动的关键所在，由此造出了许多性能优良的飞机。

（评析：语文学习的核心应该是在学习文本内容的同时，获得语言素养，实现"言""意"的融合与转换。以上教学，根据文本的表达特点，紧抓文中的两个相似的句式，引导学生在比较中发现其特点，并在理解课文内容的基础上，让学生模仿这一句式概括学过的内容，这样，既学"意"又得"言"，课堂上洋溢着浓浓的"语文味"。）

师：看，黑板上的这三句话都是先说从谁身上发现了什么，再说发明了什么。自己读读第五自然段，看谁能用这样的表达方法来概括一下第五自然段的内容。

（生读）

生：工程师从鲸的"流线体"中得到启发，改进了船体的设计，提高了轮船航行的速度。

生：科学家发现鲸的外形是"流线体"，这种"流线体"在水中受到的阻力是最小的，于是学着这样设计船体，大大提高了船的航行速度。

师：都说得不错。轮船从总是开不快到速度提高，这里面的关键是什么？找出一个关键词。

生：流线体。

师：对，谁能说说"流线体"是怎么样的？上来画一画。（指名上黑板画）大家有意见吗？（师生共同修改）有了这"流线体"的外形，有什么好处呢？

生：放在水中受到的阻力是最小的。

师：这就有个有趣的问题了，为什么"流线体"受到的阻力是最小的呢？

生：因为"流线体"的外形很光滑，水一下就过了。

师：是啊，（实物演示）你看，船头原来是方的，水迎面而来，就打在船体上，船的速度就慢下来了。有了流线型的形体，水就从船身的两侧"哗"地一滑而过，船速不就快了吗？所以，课文说，"流线体"在水中的阻力——

生：是最小的。

师：像轮船一样的"流线体"形体还有很多，如飞机、滑雪运动员的头盔等。这样设计的目的都是为了减少受到的阻力，提高前进的速度。

师：学到这，大家一定有些疲劳了，下面，我们来做一个小游戏如何？（生齐声欢呼"好"。）

师：（拿出一个鸡蛋）在我们的印象中，鸡蛋是很容易破的，一个小指头就能戳破。这次游戏是谁能用手用力捏它，把它捏破。（一生上台）

师：我们给他加加油。（在同学们的助威声中，台上同学用力捏，可就是捏不破。同学们面露疑惑。）

生：我知道了，这是因为他五根手指头用力均匀。

师：读读第六自然段这句话。（出示：薄薄的鸡蛋壳之所以能承受这么大的压力，是因为它能够把受到的压力均匀地分散到蛋壳的各个部分。生读。）

师：捏不破的关键是什么？

生：用力均匀。

师：对。再读这句话，有没有发现这个因果句有些特殊？

生：我发现了。这句话先说结果，再说原因。

生：我也发现了，这句话用"之所以……是因为……"的句式把因果关系写清楚了。

师：读读这句话。这种壳薄而耐压的特点就是文中的哪一个词？

生：薄壳结构。

师：像这种"薄壳结构"的建筑物有哪些？

生纷纷答：人民大会堂、北京火车站、悉尼歌剧院……

师：还有2008年奥运会主会场"鸟巢"。（出示相关图片）其实，这样的薄壳结构不仅出现在著名的建筑物上，就是一般的建筑物，也有利用这样的原理建造的。课后，有兴趣的同学可以去找找。谁能用黑板上的句式来说一说这段话的内容？

生：建筑师利用鸡蛋的"薄壳结构"特点，设计出许多既轻便又省料的建筑物。

（评析：一个人的语言能否得到发展取决于有多少机会运用语言。当学生基本掌握了课文中句式的表达特点后，教师提供了两次语言实践的平台，引导学生用刚学过的句式概括五、六两个自然段的意思，并且根据课文内容的难易情况，把句式表达分别安排在内容学习前和内容学习后，有效达成了教学目标，又发展了学生的语文能力。）

2.略读课

（1）基本特征。略读课的主要特点在于培养学生的略读能力，其主要任务是让学生了解课文的主要内容，体会课文的主要思想感情或深层含义，并学习略读方法。

（2）教学模式。①略读课文，了解主要内容。学习方法：先提出一个问题（即这篇课文主要说了几件事），然后让学生带着这个问题阅读课文，在个人思考的基础上分组或全班讨论。②再读课文，体会主要思想感情或深层含义。学习方法：先就课文表达的主要思想感情或深层含义提出一个问题，然后让学生带着这个问题再读课文，之后在组内或班内进行讨论。

（3）案例赏析。

《精读与略读》教学案例

【教材解读】

《精读与略读》是苏教版语文五年级下册第三单元的一篇自读课文。这是一篇介绍读书常识和读书方法的课文。课文介绍了精读与略读两种读书方法，为了让学生更好地适应现代生活，侧重点是介绍略读，对精读则讲得较为简略，但很精当。

【教学目标】

1.学会两种阅读方法——精读和略读。

2.讲述略读的意义及方法。

3.掌握略读的方法,更好地适应现代生活。

【教学重难点】

1.掌握略读的方法。

2.知道灵活运用精读与略读。

【教学准备】

多媒体课件。

【教学过程】

一、谈话引入,揭示课题

1.我们已学过一些介绍读书方法的课文,如《读书莫放"拦路虎"》,掌握好的读书方法,可以事半功倍。今天,我们再来掌握两种读书方法。

(评析:谈话引入主要想运用旧知识的迁移,提醒学生课文的类型,让学生知道学习的方向。)

2.板书:精读与略读。

二、初读课文,领略大意

1.默读课文,在文中圈圈画画,并想想每个自然段的意思。

2.汇报交流,读文后你知道了什么?

(1)什么是精读? 对重要的文章和书籍,要认真读,反复读,逐字逐段深入钻研,对重要的词句和章节所表达的思想内容还要做到透彻理解。这就是精读。

(2)什么是略读? 略读就是大略地读。

(评析:这一程序,意在培养学生不动笔墨不读书的习惯,并培养学生的概括能力。)

三、再读课文,着重学习"略读"部分

1.为什么还需要具备略读能力呢?

("不可能……更不可能……为了……又必须……因此……")课文用这些词语巧妙地将要表达的意思说得清楚明白。

2.略读有什么作用？画出关键词句。

（"通过略读，可以……从而……获得……"）

3.怎样进行略读呢？小组讨论。

4.汇报小组讨论的结果。

（1）面对一大堆读物，如何略读？

（2）对一本读物来说，如何略读？

（3）略读通常采用什么方式？为什么？

（4）怎样做才能取得略读的最佳效果？

（评析：这一设计主要让学生明白具有略读能力的重要性，从而认真学习略读的方法。再让学生通过小组讨论，交流自己的见解，完全把学习的主动权交给了学生，真正发挥了学生的学习主体作用。）

四、小结交流

读了这篇课文，你有什么收获？

1.从课文内容谈。

2.从好词佳句方面谈。

（评析：通过小结交流可让学生加深对略读的理解，还培养了学生的摘抄能力。）

五、小组学习，指导读书

1.用略读的方法阅读第三单元之后的一篇课文。

2.再用精读的方法阅读文章的重点部分，阅读时可圈圈画画。

3.相互交流。

（评析：设计这一步，主要想检查学生是否真的读懂了课文，能否学以致用，同时又训练了学生的口头表达能力。）

六、总结全文

只要我们善于把精读和略读结合起来，就能取得最佳的读书效果。

七、作业

用略读的方法阅读自己喜欢的一篇课外文章或一本课外读物。

（评析：课外延伸可巩固学生刚学的读书方法，使之能在以后的学习中发挥重要的作用。）

【板书设计】

12　精读和略读

结合起来

读书效果最佳

3.课外阅读指导课

（1）基本特征。课外阅读指导课是为推动课外阅读，提高学生阅读能力，培强学生语言综合素养而确立的一种新课型。这是一种"学会阅读"的实践课，一般每两周安排一节，其基本任务是：激发学生的阅读兴趣，调动学生参与课外阅读的积极性；引导学生选择课外读物，制订课外阅读计划；指导学生总结交流读书心得，逐步增强阅读能力。语文教学实践证明，"多读"是增强学生阅读能力的重要途径。课程标准规定，九年课外阅读总量应在400万字以上。

（2）教学模式。根据课外阅读指导课应承担的教学任务，可将这种课型分为两大类：

①阅读兴趣培养课。这一类指导课一般安排在一、二年级。其基本任务是：根据学生的年龄特点，以生动活泼的导读方式激起学生对课外阅读的兴趣，培养学生爱读、乐读的感情。其教学步骤：一是以读激情，即通过多种形式的读（听赏法、读赏法、读演法等）来激发学生课外阅读的兴趣；二是情中探理，即在学生体验作品思想感情的过程中，教师或学生提出可供深思的问题，引导学生热烈讨论，探明文中道理，从而激起学生爱读、乐读的感情。

②阅读能力训练课。这是课外阅读指导课的主要课型，各年级均需开设，但各年级的训练要求具有高、低层次之别。其基本任务是培养学生课外阅读的四种能力：一是制订和执行阅读计划的能力，包括课外读物的选择、阅读方法的运用、阅读时间的安排和阶段性自我检查的进行等内容；二是感悟阅读材料的能力，包括掌握精读、略读、浏览的基本要求，学会朗读和默读，同时要求在阅读中思考读物内容，琢磨重要词句，体验人物情感以及提出和解决问题；三是阅读技能的运用，如做读书笔记，写读书心得，使用工具书以及在阅读过程中随机圈、划、评、摘等；四是初步运用现代化信息技术的能力，如打开电子书刊、上网查阅资料的能力等。教学步骤：第一步：课前准备，就是师生共同选几本读物或几篇文章，学生每人选读一本（篇），同时教师提出阅读能力训练的要求，学

生按照阅读能力训练的要求自主地读书和思考，做好发言的准备（包括质疑问难）。第二步：交流心得，可先分小组交流（按读物分组），然后全班交流，各组推选代表发言（举行读书报告会）。第三步：总结评价，尽量让学生都参与评价，以教师点评为主。

（二）不同文章主题的教学策略和教学模式

小学语文教材中选入的课文可谓精品佳作、丰富多彩。尽管课文主题各异、表现手法纷呈，但仍有规律可循。如果在教学实践中，我们能探索总结出不同主题课文的教学模式，就能取得事半功倍的效果。

1. 情感类主题的教学策略和教学模式

（1）教学策略。一部分记叙文、诗歌、抒情散文属于这种类型。教这类课文，教师就要像一位导演，利用各种手段，创设情境，渲染气氛，使学生在不知不觉中入情入境，进入"角色"。在这种强烈的感情氛围的作用下，教学自然水到渠成。

（2）教学模式。例如，《雨点》是一首现代儿童诗，分别写了雨点落进池塘、小溪、江河、海洋里的不同姿态，并用四个拟人化词语生动地描绘出来，而且课文的插图形象地再现了雨点的不同样子。教这类课文时，可以设计以下模式：创设情境，揭示课题→层层递进，引导初读→创设情境，读好课文→凭借板书，复述课文→创设情境，运用语言。

（3）案例赏析。

《水乡歌》教学案例

【教材解读】

《水乡歌》是苏教版语文二年级上册中的一首诗歌。诗题中"歌"字点明了诗人对水乡的热爱——歌唱水乡的秀丽风光，歌唱水乡人民的幸福生活。诗人依据水乡"水多—桥多—船多—歌多"的顺序结构全诗。每一节开头都采用问答形式，音韵和谐，节奏明快，语言清新活跃，勾勒出一幅绿水清波、白帆如云的生动画卷。

本课的教学就是要通过朗读，或借助插图、音像等手段，促使学生插上想象的翅膀，让这一幅画面在脑海中徐徐展开，感受水乡的景美、人欢和诗人的情浓。

【教学过程】

一、创设情境,引入新课

(1)(播放舒缓优美的背景音乐)教师口述:音乐,能让我们展开想象的翅膀,观赏绿草如茵、碧波荡漾的山水画,聆听山泉流淌、群鸟欢唱的交响乐。此时此刻,优雅的音乐将我们带到风光秀丽的水乡。(徐徐展开画卷。)

(2)你喜欢水乡吗? 为什么?(教师相机概括为"白帆如云""青山绿水"等优美词语。)

(评析:舒缓的音乐、素雅的画卷、优美的语言共同把学生带入水乡那独特的意境中感受美,有效地调动了学生的学习兴趣。)

二、初读课文,整体感知

(1)过渡揭题:水乡的美可以用音乐来渲染,用画面来展现,还可以用诗来描绘呢!

板书课题。读课题。

师:这是一首献给水乡的赞歌。

(2)教师配乐《秋湖月夜》范读课文。

(3)学生自读课文。要求:读准字音,读通诗句。

(4)同桌互读,相互评价。

(5)指名读,相机指导。如:轻声、前后鼻音的读法。

(评析:本诗采用问答的形式,回环复沓,朗朗上口。教师通过让学生充分地读,逐渐丰富意象,体会诗歌鲜明的节奏感和韵律美,帮助学生进入诗歌境界。)

三、自读自悟,朗读交流

(1)自读课文,思考:水乡留给你印象最深的是什么? 怎么体会到的?

(2)全班交流:①水多、桥多、船多、歌多。②你是怎么体会到的? 并进行朗读指导(指明"千""万"是虚指,形容很多)。相机创设情境理解"飘满湖面飘满河",启发联想从而体会水乡人民的勤劳。

(评析:教学不仅仅是一种"告诉",更重要的是理解、鉴赏文学作品。这里,教师充分让学生自主阅读,在读中悟,在悟中读,培养学生独立阅读的能力,以形成良好的语感。教师指导朗读时,不是技巧的传授,让学生简单地模仿,而是努力帮助他们把握诗的内容和基调来完成对本诗的二度创作。)

四、鼓励质疑，引导解惑

(1)再读课文,学生质疑。(教师有选择地把问题写在黑板上。)

(2)小组选择问题讨论,然后组际交流。

(3)教师对学生不能解决的问题给予指导、帮助。

如:①"渠""河""塘"有什么不一样?(出示三者交融的画面,请学生一一指出来意会。)

②"歌"怎么会装在"船"里?

教师提问启发:谁在唱歌? 水乡人民用箩装什么? 望着船里满载的劳动成果,水乡人民会唱些什么呢? 学生再次有感情地朗读第三小节。

(评析:倡导自主、合作、探究的学习方式,有利于学生在自主活动中提高语文素养。教学中主要体现在:鼓励学生质疑,关注学生的个体差异和不同的学习需求;组织小组讨论,合作选题、解疑,为学生提供选择和尝试的空间;优化教师引导探究的策略,唤起学生的知识和生活经验,巧妙地突破了篇末点睛之笔的理解难点。)

五、表情朗读，鼓励创作

(1)用问答的形式师生合作朗读全诗。

(2)鼓励学生独立或合作模仿创编诗歌。

(评析:采用朗读、创编的方式,让学生进一步体会作品的语言特色,提升对水乡景美、人欢的情感体验,使热爱家乡的教育取得润物细无声的效果。)

六、指导书写

(1)学生看笔顺图,描红课本上的生字。

(2)师生共议书写要点。

(3)学生在习字册上描红、仿影、临写生字,教师巡视指导,提醒书写姿势。

2.哲理类主题的教学策略和教学模式

(1) 教学策略。寓言、童话、成语故事属此类课文。教学这类课文,关键要讲清"事",使学生通过"事"悟出其中的"理",然后再伸延、扩展,明白这个道理在现实生活中的普遍意义和指导作用。如《画蛇添足》这个成语故事要让学生理解"那个先画好蛇的人为什么喝不到酒"这个关键问题，从而明白"做对了，又做多余的事，反而不恰当"的道理，然后让学生联系实际，升华理解，促使学生在自己的学习和生活中自觉地做到：事情做好了，绝不做多余的事。

（2）教学模式。教师在教学这类文章的时候，可以采用如下教学模式：谈话引入，理解题目→初读课文，整体感知→重点感悟，揭示寓意→畅所欲言，各抒己见。

（3）案例赏析。

《滥竽充数》教学案例

【教材解读】

《滥竽充数》是苏教版语文五年级上册一篇课文,同时也是一则寓言故事。寓言是一种短小简练,但又蕴涵深刻寓意的文学体裁。所以寓言故事的教学不能只是停留在了解故事内容上,更重要的是通过内容懂得故事揭示的含义。本文主要写了战国时期齐宣王喜欢听许多人在一起吹竽,南郭先生不会吹,也混在里面充数。后来齐湣王继位,喜欢让人一个一个地吹竽给他听,南郭先生混不下去了,只好逃走了。内容虽短,但仔细推敲,就能发现文中有多处细节余味无穷,可以给学生极大的想象和拓展空间。

【教学目标】

1.通过预习读通课文,理解词语,重点理解"滥竽充数""讲排场""装腔作势"。

2.让学生在评析人物的过程中感悟寓意,懂得寓言要告诉我们的道理,学会做人。

3.培养明辨是非、想象创新的能力,培养用人物的语言和行动表现人物特点的能力。

【教学重难点】

1.评析人物,感悟寓意,懂得道理,学会做人。

2.发挥想象,联系生活,用语言正确表达自己的想法。

【教学过程】

一、导入新课

1.让学生讲讲自己知道的寓言故事,并说说其蕴涵的寓意。

学生各抒己见,表述清楚,学习积极性高。

2.教师引导,总结寓言故事的特点。板书:

寓言

故事　　　　　　　　　道理

(评析:通过引导学生,使学生理解寓言的特点,从而确定学习目标。)

二、阅读探究

(一)初读课文,了解内容

1.自由读课文,要求:读准字音,读通句子。

2.指名读课文,其他学生思考:课文主要讲了一件什么事? 主要人物有哪些?

(评析:学生用波浪线划出相关句子,教师巡查,通过重点词句,厘清课文人物之间的关系,为下一步学习做好准备。)

(二)深入阅读,解决问题

1.齐宣王在位时,南郭先生是怎么做的,结果怎样?

2.齐湣王继位后,南郭先生是怎么做的,结果怎样?

(评析:两个问题对比探讨,使学生理解南郭先生为什么会有不同的结果。并且给学生充分的自由,让学生学一学、说一说、演一演,学生兴趣浓厚,课堂气氛活跃。)

3.同学们从南郭先生的命运中总结出什么道理。

(评析:步步引导,补充板书,使学生总结出寓意,培养学生解决问题的能力。)

(三)创设情境,具体感知

1.挑选自己感兴趣的人物,说一说他的特点。

2.故事中齐宣王和齐湣王作为领导,你觉得谁更称职? 对不称职的请你给他一条合理化建议。

(评析:拓展问题,创设情境,充分发挥语文工具性和人文性的特点。学生在具体情境中,有强烈的表达愿望,使课堂气氛活跃。)

三、深化内容,联系生活

1.排忧解难——南郭先生溜走了,但是他还要在社会上生存,你帮他想个办法或给他一句忠告。

2.写作:《南郭先生下岗后》。

(评析:这节课根据教材特点,巧妙设计问题,创设学习情境,激发学生探究问题的兴趣,启发思维,触发学生潜在的表达欲望和创造能力。教师把课堂真正还给了学生,教师作为课堂的引导者,只需要给学生一个思路,让学生在探究解决问题的过程中完成教学目标。问题教学的出现和运用,使语文课堂更加朴素、实惠,避免了讲读型教学将学生当作被动接受知识的容器。)

3.形象类主题的教学策略和教学模式

（1）教学策略。人物描写类文章属于此种类型。教学这类课文,关键是让学生从人物的外貌、语言、神态、行动、心理以及环境等方面去分析、推敲,使有血有肉的人物形象跃然纸上,从而准确地把握文章主旨。

（2）教学模式。通常情况下,我们会以"他是一个什么样的人"为主导问题,引导学生抓住人物的动作、语言、神态描写来品味其心理活动,从而层层深入地体会人物的内心世界和性格特点。当学生已经被课文的主人公及发生在主人公身上的故事情节深深地吸引时,顺势引导学生去发现,作者是如何把文章写得这样生动、深刻的,从而对写作方法、技巧进行相应的梳理和总结,使学生更容易依从自己对文本的体验,自主地进行"学"的活动。我们还可以设计仿写的环节,引导学生运用这一课所涉及的写作方法或技巧来进行仿写,给学生的"写"搭建平台。

（3）案例赏析。

《孙中山破陋习》教学案例

师:是什么样的一件事让姐姐发生了改变呢? 请大家自由读读课文的第二至第六自然段,你一定会从中找到答案!

生:学生们非常认真地在文中寻找着答案,一致认为是"缠足"让姐姐发生了改变。

师:相机出示:"一天,孙中山从外面回来,看见妈妈正在用一根长长的布条,一道又一道地给姐姐缠足。姐姐痛苦极了,眼泪直往下流。"

生:齐读。

师:你知道姐姐缠足时的感受吗?

生:痛苦、难受……

师:哪些词语最能体现姐姐这种感受呢?(引导学生抓住"长长的""一道又一道地""痛苦极了"来体会姐姐的感受。)

生:读"看见妈妈正在用一根长长的布条,一道又一道地给姐姐缠足。姐姐痛苦极了,眼泪直往下流。"

师:(评价引导)你的朗读让我们感觉布条不够长,没有多少道。谁再来试试。

生:再读。

师:让我们感觉有点长,但没达到痛苦极限。谁能读得让我们感觉到布条非常长,并且是一道道缠着的,让她痛得眼泪直往下流。

师:相机出示了一组被缠过的脚的图片,并请学生说说自己的感受。

生:这些脚很小、"三寸金莲"、该长不让长多痛苦啊!

师:封建社会,女孩到了四五岁就要被缠足。为了使自己的脚不长大,她们有的在脚底下垫上锥子走路,有的垫上碎玻璃或者是打碎的碗片,有的甚至抓一些虫子放在脚底,好让自己的脚腐烂,不长肉。同学们,听到这儿,你的感受又是什么?

同学们,你们以前受过伤吗?有过手指被刀子割破、不小心被针刺了一下的感觉吗?

生:再读。

师:她让我们感觉到了,大家像她这样练读。

生:练读。

师:同学们,你们能用声音表现出这种痛苦吗?

生:齐读。

(评析:这种教学,不仅尊重了学生的差异,体现了"阅读是学生个性化行为"的基本理念,而且通过或层层深入、或多角度的评读,给予学生理解文本的最直接指导,使学生能够逐步深化对文本的理解。如这个案例中,教师通过评读,让学生知道自己的朗读还没有把达到极限的痛苦惟妙惟肖地表现出来,从而促使学生产生了阅读动机,更加深入地开始研读文本。)

4.观察类主题的教学策略和教学模式

(1)教学策略。部分散文(特别是写景状物类)属于这种类型。教学这类课文,关键在于使学生学会定点、换点、比较、反复等多种观察方法,运用从上到下、从下到上、从左到右、从右到左、从外到内、从内到外、从整体到局部、从局部到整体等多种观察顺序观察事物,并能对观察到的材料进行分析、比较、综合等处理,协调材料与中心的关系。

(2)教学模式。教师在教学这类文章的时候,可以采用如下教学模式:直观导入,激发兴趣→整体感知,抓住特点→默读批注,深入体会→全班交流,品读评析→回归整体,梳理写法→读写结合,拓展练笔。

（3）案例赏析。

《九寨沟》教学案例

师：今天让我们一起走进九寨沟，去感受那里的迷人风光，快看——（伴随优美的轻音乐，大屏幕出示九寨沟风光，把学生引入景区。生欣赏九寨沟美景，不时发出赞叹声。）

师：一进入景区，就有什么样的感受？

……

（师板书：童话世界。课件出示：一进入景区，就像到了一个童话世界。）

师：在我们的心目中，"童话世界"应是一个什么样的世界？

生：我觉得充满奇幻的就是童话世界。

……

师：如果说世界上真有仙境，那就是九寨沟。雪峰插云，古木参天，平湖飞瀑，异兽珍禽……真是个充满诗情画意的人间仙境啊！（板书：人间仙境）

课件出示：雪峰插云，古木参天，平湖飞瀑，异兽珍禽……九寨沟真是个充满诗情画意的人间仙境啊！

师：读一读，想一想：这两句话有什么共同点？

生：这两句话都是写九寨沟。

生：都是写九寨沟的美。

师：这两位同学说得很好，这样的写法叫总写。一段放在开头，一段放在结尾，这叫首尾呼应。

师：齐读大屏幕上的两句话。

师：（过渡）课文这两句话已让人感觉到九寨沟的迷人风光，但课文就这两句行吗？为什么呢？

生：不行。因为只有这两句话看不出九寨沟具体美在哪。

师：下面就让我们走进景区，去真正领略这个童话世界、人间仙境。

（评析：课文的开头和结尾两个自然段都是总写九寨沟的美，把这两段放在一起学习，可以在学生的脑海中初步勾勒出九寨沟美的轮廓，也渗透了课文"总分总"的写法，另外还可以腾出大量时间，把更多精力放在感悟课文的重点部分。）

师：请同学们快速朗读课文第三、第四自然段，想想：你看到了哪些景物？

（生大声朗读课文。全班交流。）

生：九寨沟的雪峰非常高，插入云霄。

......

生:小熊猫是熊猫吗?

师:在这儿,老师告诉同学们,大熊猫和小熊猫不是同种动物。(引导归类:自然风光、异兽珍禽。)

师:(过渡)你们是想先欣赏自然风光呢,还是先看看异兽珍禽?

生:自然风光。

生:异兽珍禽。

师:但书上提醒我们先看什么?

生:自然风光。

师:从哪儿看出来的?

生:继续向纵深行进。

(评析:这一环节是为了让学生初步感知课文,走马观花般地领略九寨沟的自然风光和异兽珍禽,留下美的印象,为下面具体而深入地感悟课文打下基础。最后一个小环节设计看似不经意,其实是在暗示学生一些读书方法,即读书要仔细,要边读边想,同时也体现教师"引"的作用,为下面"有序教学"做了必要的铺垫。)

师:我们先去看看九寨沟的自然风光。九寨沟的哪处自然风光吸引了你?根据要求自学课文第三自然段。

师:你觉得九寨沟美在哪?你喜欢什么景物?

......

师:小熊猫们,把你们的高兴美美地读出来吧!

全班齐读,把"美滋滋"读得特别好。"美——滋——滋——"

师:充满神奇的九寨沟就这几种异兽珍禽吗?(生摇头)此时你在九寨沟,一定会见到什么动物?它们在干什么?赶紧把你们见到的写下来吧!

(生动笔,师巡视,发觉学生写得真不错。)

生1:我看见在茂密的树林旁,一群体态粗壮的大象正津津有味地吸河里的水。

师(点头):真不错!能灵活地用上书中的词语。

生2:我看见勤劳的小刺猬,身上插满了红红的小果子,正摇摇摆摆地在草地上走着。(学生拍手。)

师:真是勤劳的小刺猬。

生3:树上有一只穿着黄衣裳的小鸟,站在枝头若无其事地唱着优美的歌儿。

师:好生动的拟人化手法。歌声——(生补充:歌声真动听!)

师:是啊,在这样的湖光山色里,在这么美的童话世界里,在这样充满诗情画意的人间仙境里,谁的心里不充满了快乐呢? 让我们快快乐乐地来读读第四自然段吧!(生齐读。)

师:读到这儿我们真想说:雪峰插云、古木参天、平湖飞瀑、异兽珍禽……九寨沟真是个——

生接:充满诗情画意的人间仙境。

(评析:这部分是教学的重点,也是整节课设计理念的充分体现。语言文字训练和理解课文、感受风景美紧密地结合在一起,主要表现在:抓住文中的关键词引导学生进行说、读、写等训练,这些训练并没有脱离文本而显得刻意呆板,而是寓于课本之中,并且为理解课本服务。学生在感悟课文中进行语言文字的训练,在语言文字的训练中更为深刻地理解课文,在整个感悟学习过程中感受美、理解美、欣赏美,受到美的熏陶和感染。最后借鉴课文的写法进行写话训练,实际也是一种创造美的训练。)

师:课文学到这儿,我们一起来看看课题,觉得前面加个什么词比较合适?

生:神奇的九寨沟。

生:美丽的九寨沟。

生:诗情画意的九寨沟。

……

师:我国著名歌手容中尔甲看到九寨沟这么美也忍不住高歌一曲,一起来欣赏《神奇的九寨》。

(评析:这部分的环节设计主要目的是为了总结全文,让学生对课文进行一次"反刍",丰富和提升自己对九寨沟的总体评价与感受。最后播放Flash音乐《神奇的九寨》,与开头的教学形成呼应,体现课堂教学的完整性,让学生再次感受九寨沟的迷人风光,使学生整节课都沉浸在美的世界里,引发他们对九寨沟由衷地赞叹与向往,让"美"伴随着音乐和画面从学生的心田放飞。)

5.事件类主题的教学策略和教学模式

(1)教学策略。一般的记叙文(特别是记事为主的)都属于这种类型。教这一类课文,关键要使学生把握时间、地点、人物三个基本要素和事件的起因、经过、结果三个基本环节,从而弄清事情的来龙去脉,理解事件是如何体现人物品质及文章主题的。

(2)教学模式。此类课文的教学模式可设为:激情深入,引发阅读期待→初读课文,感知文本大意→精读课文,重点感悟→总结全文,升华情感。

（3）案例赏析。

《三顾茅庐》教学案例

一、导入新课

播放《滚滚长江东逝水》歌曲影像资料。

作为中国四大古典名著之一的《三国演义》,描写了众多的英雄人物形象,这其中,你最喜欢谁? 为什么?

（评析:教师根据班级学生语文学习能力的实际,大胆引进相关课程资源——导入《三国演义》电视剧片段,让学生在自主探究中学习语文,激发学习兴趣,走进情境中去。）

板书课题。讲解"顾""茅""庐"字的写法。

二、检查预习

1.请你自由选择读书方式再认真地读一遍课文。

2.老师希望你们读准这些词语。(出示词语)

检查读音(开火车)、打乱顺序读、比赛读。

（评析:课前预习,培养学生自主预习、自习的能力,上课跟进检查,提高课堂教学效率。）

3.课文重点写了刘备第三次拜访诸葛亮的情形,请同学们看一下课文哪几个自然段写了他第三次拜访的经过呢? 课文可以分为三段,说说段意。

4.概括课文的主要内容。

（评析:在教学过程中无声地渗透学习方法,授之以渔,教学生学会概括归纳。）

三、学习课文2~4自然段

1.谁能说说现在我们用"三顾茅庐"这个成语多指什么?(仅仅指刘备请诸葛亮的事吗?)

师板书:诚心诚意。

2.刘备是怎样打动诸葛亮的? 我们一起再来默读课文,把表现刘备诚心诚意的句子画出来,在关键的词语下加上点,然后有感情地读一读所画的句子,最后在组内找个伙伴说说你对所画句子的理解。(教师巡视,学生读课文,圈画出重点词句。)

3.在班级找个适合你的学习伙伴,或者读,或者说,当然也可以演。用你们认为最佳的方法来表达你们体会到的东西,好吗?(生合作准备,无需回原位。)

(评析:根据写人文章的特点,着力引导学生画出表现人物特点"诚心诚意"的词语或句子,再让学生多范围多形式地讨论交流,这样能让学生进一步深入把握人物特点。)

过渡:哪对伙伴愿意把自己的学习成果展示给大家?(指名说)

交流,理解课文精髓:

(1)刘备生气地说:"你一点儿也不懂尊重人才,这次你就不用去了!"

A.对比读张飞和刘备的对话,比较张飞和《水浒传》中李逵的形象,引导有感情朗读。

B.刘备和张飞的关系,能说得具体一些吗?相机出示原著介绍"桃园三结义"的故事,或学生摘读其片段。

C.我和你一起来读读好吗?(老师读张飞的话,学生读刘备的话。)

D.配上表情、动作分角色朗读对话。指导发散。

(评析:引进课程资源《三国演义》《水浒传》原著,摆脱了"以课本为中心"的做法,充分体现了以"课本为重要凭借,在落实教材基本要求的基础上,适当引进相关课程资源,促进语文学习"的新课改思想。从课内延伸到课外,从课本到原著,拓展学生学习语文的渠道,促进学生主动发展。)

(2)离诸葛亮的住处还有半里多路,刘备就下马步行。

A.刘备在离诸葛亮的草屋还有半里多地的地方就下马步行,可以说明他的诚心诚意。

B.还有半里地就下马,其实,诸葛亮也看不到,就更说明他是真的诚心诚意。指导朗读。

(3)到了诸葛亮的家,刘备轻轻敲门。

刘备轻轻地敲门,"轻轻"体现了刘备对诸葛亮的礼貌和尊重。指导朗读。

(4)刘备让童子不要惊醒先生,吩咐关羽、张飞在门口休息,自己轻轻地走进去,恭恭敬敬地站在草堂的台阶下等候。刘备叫童子不要惊醒先生,会怎么说?对关羽、张飞会怎么说?如果你们加上一些动作、表情就更好了!(引导学生适当地演一演。)

A.刘备知道诸葛亮正在午睡,所以尽量放轻脚步,轻轻地走进去,防止惊醒先生。

B.刘备第三次来到诸葛亮的家中,诸葛亮正在睡觉,刘备就恭恭敬敬地在房门台阶下等诸葛亮醒来,说明刘备很有诚意。

C.早春,春寒料峭,挺冷的,做出恭恭敬敬等候的样子! 一个时辰是两个小时。

D.此情此景,让你想到了哪个相类似的故事?(程门立雪)

(5)又等了一个时辰,诸葛亮才悠然醒来。刘备快步走进草堂,同诸葛亮见面。

"又等了一个时辰"和"快步",表现出刘备对诸葛亮的尊敬和渴求,也可以说明他的诚心诚意。

(评析:学习课文时,抓住文中的关键词"诚心诚意",让学生自读课文,自学课文,并联系生活实际感悟刘备诚心诚意的语句,在悟中读,在读中悟,读出了"味",使文中人物个性更加鲜明,同时也调动了学生学习的积极性。)

带上自己的理解,再读一读这个部分。

4.总结:同学们,你们读出了刘备的诚心诚意,那才华横溢、料事如神的诸葛亮到底有没有被请出山? 刘备有没有得到诸葛亮的帮助? 更精彩的故事还在后面呢,欲知后事,且听下回分解。

四、推荐阅读罗贯中《三国演义》、易中天《品三国》

《三顾茅庐》是根据名著改编的一篇历史故事,对于四年级的学生来说,故事情节不难理解,教者把整节课的教学重点放在"抓住人物的言行,体会人物的特点"上,引导学生通过"琢磨课文、推敲语言、体会情感"的过程,有效提高语文素养。教学时教者抓住了"刘备诚心诚意"这条主线展开教学,让学生通过找表现刘备诚心诚意的字、词、句,讨论,交流,演一演,谈谈自己的体会,有感情地读好句子来理解课文。课堂上,学生基本能找到这些句子,谈自己的体会时都有自己的感悟。通过让学生读一读、演一演,提高了学生的学习兴趣。

课堂教学是多姿多彩的智力活动,"教无定法,贵在得法",为此我们要依据学生认识事物和学习语文的基本规律,按照"整体—部分—整体"阅读课堂教学的基本策略,灵活运用。教师首先要吃透教材,掌握课标,才能用好教材,披文以入情,也才能灵活运用各种教学模式,让语文教学真正走向"为素养而教"。

八　涵泳·文体类型

　　上海师范大学王荣生教授说："依据文本体式来解读课文，把握一篇课文的教学内容，是阅读教学的基本规则。"吴立岗教授也说："在阅读教学中抓住各种文体的特点，学生就比较容易领悟文章的表达方式、作者的思路，乃至谋篇布局、用词造句的特点。文体不同，教学方法也应该不同。"

　　苏教版小学语文教材文体多样，对不同的文体，应选择不同的教学内容，选用不同的教学方法，以培养学生的语文素养。比如：教学《西湖》《庐山的云雾》《九寨沟》《黄山奇松》《黄果树瀑布》《三亚落日》《烟台的海》等写景类文章，要指导学生抓住景物的特点，学习写景的方法；教学《蜗牛的奖杯》《三袋麦子》《小稻秧脱险记》《我应该感到自豪才对》等童话故事，要引导学生关注故事情节，展开丰富想象，学会复述故事、创编故事；教学《莫高窟》《神奇的克隆》《秦兵马俑》《埃及的金字塔》《海洋——21世纪的希望》等说明性文章，要抓住事物特点，学习作者巧妙运用的说明方法；教学《说勤奋》《滴水穿石的启示》《谈礼貌》《学与问》《学会合作》等说理性文章，要指导学生了解说理文的结构，并厘清选取事例的依据；教学《三顾茅庐》《祁黄羊》《林冲棒打洪教头》《少年王冕》《海伦·凯勒》《二泉映月》《最后的姿势》《船长》《爱之链》《半截蜡烛》《三打白骨精》等小说类文章，要指导学生抓住人物、故事情节和环境描写……

　　教师要有文体意识，但也不能把文体看得太僵化。即便是相同文体，每篇文章也是独特的，教学方法的选择不能一概而论，而应涵泳体察，于细微处见功夫。

（一）陪同学生在畅游山水中品味散文之美

　　散文是一种写作者自己经历、见闻、情感的文学体裁。刘勰在《文心雕龙·明诗》中这样形容散文："观其结体散文，直而不野，婉转附物，怊怅切情，实五言之冠冕也。"的确，散文形散神聚、意境深邃、语言优美，素有"美文"之称。经常阅读优秀的散文，不仅可以丰富知识、开阔眼界，培养高尚的思想情操，还可以从散文中学习选材立意、谋篇布局和遣词造句的技巧，提高自己的语言表达能力。小学语文课本中有很多篇散文，或写人叙事，感情真挚；或借景抒情，诗情画意；或蕴含哲理，耐人寻味。学生经常涵泳这类美文，能潜移默化地受到启迪、熏陶、洗礼和升华。教师应如何带领学生品评鉴赏这类散文，提高学生语文素养呢？我以为，应抓住文章线索，提线串珠，从而"拎出"散文的美。

1.循散文之线,梳理脉络

优秀的散文作品经常使用"草蛇灰线，伏脉千里"的写作方式，为情节的发展埋下伏线，使故事的来龙去脉、前因后果显得自然而又合乎逻辑，从而形成此呼彼应、首尾贯通的艺术整体。这样的写作方法让文章结构清晰的线索在散文中频频出现，教师在教学中一定要牢牢抓住这些线索。

课程标准指出：在阅读中揣摩文章的表达顺序，体会作者的思想感情，初步领悟文章基本的表达方法。教师在散文教学中，应该如何带领学生厘清文脉，从而做到从宏观上驾驭文章，体察作者寄寓其中的深意和倾注的思想感情呢？以课文《黄果树瀑布》为例，这篇课文是五年级学生所学习的一篇游记，因此，教师可先带领学生简要地回顾以前学过的与写景有关的文章。例如三年级课文《西湖》的三、四自然段，教师将"月光下的西湖"几个字标红，以此提示学生这篇文章的行文是先写阳光下的西湖，再写月光下的西湖，学生能从中领会到，这篇文章是以时间为顺序写的。再如，教师将四年级课文《天安门广场》中的"广场中央""北面"等词标红，学生立即明白该篇文章是按照方位顺序写的。由此，教师再引导学生在课前从《黄果树瀑布》一文中寻找涉及作者观察点的句子，再利用幻灯片呈现答案，即"刚进入黄果树风景区……"，"透过树的缝隙……"，"我们循着石阶一直往下走，来到谷底"，"我们离开潭边，登上平台"，让学生对作者观察的顺序有一个总体印象。接下来，教师引导学生将这几个句子凝练成四字小标题，即"进入景区—透过树缝—来到谷底—登上平台"，使学生一目了然，同时很好地训练了学生的概括能力。最后，教师告诉学生，像这样一边走一边欣赏着美景的写作方法，称为移步换景法。

当学生第一次接触移步换景法时，教师可以一步步引导学生去发现、圈画、思索、概括，这样的教学方法才能让学生在脑海中对所学知识留下深刻印象。这样，学生不仅学到了"移步换景"的方法，还对之前所学的"时间顺序"和"方位顺序"的散文写作方法做了一个极好的归纳。

2.察散文之情,聚焦文眼

观其散文,或直抒胸臆,或借景抒情,或触景生情,一个"情"字往往贯穿散文始终,深深地触动读者的心弦。而这个"情"字,又往往透过文眼在文中弥漫开来。众所周知,凡是构思精巧、富有意境或写得含蓄的诗文,往往都设有文眼。学生在鉴赏散文时,要全力找出能揭示全篇旨趣和画龙点睛的文眼,以便领会作者行文的缘由和目的。文眼的设置因文而异,可以是一个字、一句话、一个细节、一缕情丝,乃至一景一物,但必须是文章中最能显示作者写作意图的词句。清代学者刘熙载说:"揭全文之旨,或在篇首,或在篇中,或在篇末。在篇首则后必顾之,在篇末则前必注之,在篇中则前注之,后顾之。顾注,抑所谓文眼者也。"也就是说,文眼是文章的精神凝聚点,能点出文眼,是读懂文章的一个标志。

继续以《黄果树瀑布》为例,教师在引导学生了解课文写作顺序之后,再接着引导学生浏览全文,并找出文中抒发作者看到瀑布后的情感的句子。学生在片刻思索后,找出了文中能表达作者情感的一些句子,但不明白哪一句是正确的。这时,教师可以适时做出引导:这样的句子往往独立成段,在文章的开头或结尾。学生掌握了方法之后,很快就发现文章中第一段的句子"黄果树瀑布真是一部大自然的杰作!"最为恰当。毫无疑问,这句话中"杰作"一词最能表达作者的情感,即为文章的文眼。能否找到文眼,往往是判断我们有没有读懂一篇文章的标志之一。教师随后可以针对文眼展开对课文的精读,这非常符合教学规律:抓住一个点,牵出一条线,铺开一个面。这样的教学方式,可以教给学生学习方法,让他们以后在独立阅读散文时,会关注情感,聚焦文眼。

3.品散文之味,含英咀华

散文的一大特色是语言美。杰出散文家的语言各具风格:鲁迅的散文语言精练深邃,茅盾的散文语言细腻深刻,朱自清的散文语言清新隽永,冰心的散文语言委婉明丽……对于这些美的语言,教师应该怎样引领学生去品味呢?不妨确立一个主话题,在主话题的引领下,让学生走进语言文字中,细细品味文字之美。或独自静静地思索,或与同学愉快地交流,并在此过程中品味文字。

再以《黄果树瀑布》为例,教师确立了以下主话题:我们按照移步换景的顺序来学习课文,可以从哪儿感受到黄果树瀑布真是大自然的杰作? 圈画出你最有感受的词语,并写下阅读感受。学生带着上述开放性的话题潜心会文、圈画批注。通过小组交流、补充和同学交流互动，学生逐渐丰富了自身的感受，纷纷发表自己个性化的见解。在这个过程中，教师的引领使学生对语言的揣摩更加清晰且有条理。针对文章的第二自然段，教师引导学生关注其动词的运用。"飘""拂"两个字写出了作者刚进入黄果树瀑布时，远远都能听到声音，可见声音之大。"涌"字写出了声音之响，就像潮水一样一浪高过一浪，一浪盖过一浪，让人不由得想起"惊涛拍岸""惊涛骇浪"等词。而"盖"字更显声音之雄壮，连"人喧马嘶"之声都能盖住。将"喧""嘶""嚣"三个字共同拥有的偏旁与字义联系起来，可以让学生感受到汉字的魅力，从而学得有滋有味。

教师在教授第三自然段的内容时，应引导学生发现比喻的妙用和瀑布形态的壮美。"折为三叠""宽幅白练""千万架织布机的大合奏"等让我们看到了"亚洲之最"的风采。散文属于文学范畴，我们阅读散文时必须发挥联想和想象，结合个人生活体验，和作者情感发生强烈共鸣。因此，在学习第四自然段时，教师应配合乐声范读课文，营造一个如诗如画的情境，让学生静心聆听，感受想象的魅力。通过三段内容的学习，学生不仅切实感受到黄果树瀑布声音和形态的壮美，还了解了作者的写作方法，即巧用动词、妙用比喻、展开想象。

语文课程是一门学习语言文字运用的综合性和实践性课程，课程的内容和目标应聚焦在语言文字的运用上。当学生领会到作者遣词造句的精妙之后，教师再设置一两个小情境让学生尝试运用，可以让学生在日后的游记写作中学会使用该方法。

总而言之，教师要善于抓住散文的特点，循着作者思路提线串珠，品味优美的词句，定能带领学生感受散文无穷的魅力。

（二）指导学生在阅读故事中体会童话之趣

童话是儿童文学的一种体裁，是通过丰富的想象、幻想和夸张来编写的适合儿童欣赏的故事。安徒生在他的自传中说："我的心灵漂泊无依，童话是我流浪一生的阿拉丁神灯。"这说明童话能带给人心灵的归宿。爱迪生也表示："想象力推动世界，是知识净化的源泉。"说明通过童话能激发学生的想象力，能有效发展学生的智力。

童话中有清晰的人物、情节设计，蕴含丰富的人生哲理，属于非常重要的教育素材。苏教版小学语文教材中选入了很多童话体裁的文章。结合小学生的认知基础、兴趣爱好进行分析，他们非常喜欢通过阅读、表演童话来展开学习。基于此，为了提升小学语文教学质量，就需要重视童话教学。依托童话特色，构建轻松、有趣的小学童话课堂，不断引导学生领会、理解、反思、创造与实践，以提升学生语文素养与综合能力。

童话阅读教学设计，应根据学情和课程标准，结合具体童话文本的不同特点，来确定学习内容，选择教学策略。

1.引入童话表演，激活趣味课堂

小学生活泼好动，爱好多样，喜欢将自己阅读过或者是观看过的童话故事讲给别人听，并伴随着动作、表情和有趣的对白。特别是低年级小学生，他们的表演欲很强。结合小学生的这个特点与兴趣爱好，教学童话时，可以引入童话表演活动。在学生阅读、分析童话内容后，引导学生通过自主讨论、交流厘清童话中主题、人物、故事情节、语言、结构等各方面内容。继而展开分角色童话表演过程，以学生的自主表演，展现童话中的情感、思想，彰显学生的感受力、领悟力和学习能力。

如教学《猴子种果树》时，为了让学生深入理解这篇童话的内涵，教师邀请有兴趣的学生分别扮演其中的角色——猴子、乌鸦、喜鹊、杜鹃，还有时不时更换的树苗以及旁白。选出6位学生后，让他们戴上动物头饰，展开表演过程。"猴子种了一棵梨树苗，悉心照看着，正当梨树快成活的时候，乌鸦来了，它说……"学生惟妙惟肖地表演，伴随着动作、神态的变化，教师在一旁为他们播放轻快的歌曲。在表演过程中，观众反思着童话的内涵。通过趣味的童话表演，激活趣味课堂，让学生在自主合作、实践探究中领悟童话中的哲理，也收获了人生经验。

2.引导交流分享，体验童话韵味

为了培养学生的创新思维能力和表达能力，在教学童话时，有必要引导学生展开交流分享活动。教师科学预设，精心设计交流分享的活动过程、内容，引导学生分享互动，探讨出童话趣味、韵味。交流分享首先要阅读童话内容，积累童话知识。如阅读《卖火柴的小女孩》后，学生在课下自主阅读《安徒生童话》，拓展对作家的认识。除了可以阅读同一作家的童话并进行对比分析外，还可以阅读同类童话，如历险类、魔法类等，以此增长见识，拓展视野。实施交流分享时，要设定分享主题，如《谁的本领大》分享主题为"正确看待自己与他人"。通过围绕主题展开交流分享，深入感受童话韵味，获得人生道理。

3.践行读写结合,展现童话魅力

表演童话、讨论与交流童话,只是站在欣赏童话的角度来学习童话,而读写结合、写作童话,则是挖掘学生潜力,提升学生语文素养的一个好方法。知识不能只进不出,单纯的阅读和表演能让学生收获人生道理,但是不能引导学生创新思考和拓展想象。由此需要加强学生的童话写作体验,践行读写结合,培养学生的语文素养与综合能力。在有了一定的阅读基础后,展开写作运用,引导学生将积蓄在内心深处的趣味故事、勾勒出的人物梗概表达出来,可以是拓展写作、续写、增加新情节、重构童话、仿写等形式,如改变人物关系、改变情节设计等。如对《云雀的心愿》这篇童话进行续写:"云雀知道森林的重要性后,第二年春天,邀上了很多小伙伴,在一片沙漠中种上了成千上万棵小树苗,并精心地呵护着……"或对课文进行仿写:"云雀来到一片海洋边,发现有很多白色的垃圾……再到了一片沙漠,发现那里没有一滴水……"通过仿写,告诉人们水资源的重要性。在读写结合的教学策略下,学生开动脑筋,通过大胆想象和联想,创意设计,写出了内涵深刻的童话故事。

小学语文教师需要重视童话教学,基于小学生的认知基础、身心发展规律与特点,选取科学的童话教学策略,构建有趣、轻松、自主的童话学习氛围,让学生在快乐的学习模式下自主体验、交流、表现和创造,提升童话知识学习的效率,扎实掌握语文知识。同时教师要注意,童话教学不应仅限于字词句的教学层面,还应加强引导学生分析和感受童话中的内涵,引导学生学会运用童话表达思想,写出寓意深刻的童话故事。

(三)引领学生在探究科学中发现说明之妙

小学语文课本中编入了为数不少的说明文,是一组以介绍知识为基本内容,以说明为主要表达方式,通过解释事物、阐明事理而给人知识的文章。小学语文说明文的教学,当关注说明文的说明方法、结构特点、表达方式和语言要求,从教"写什么",走向学"怎么写",实现语文课程培养学生语用能力的作用。

1.关注说明方法

为了使抽象的知识、不好懂的内容显得通俗易懂、具体生动,说明文大量运用下定义、作比较、打比方、列数据、举例子等说明方法。在课堂上,如果能够引导学生好好阅读,细细品味,从而了解不同说明方法的作用,体会语言文字的奥妙，就能够提高学生理解和运用祖国语言文字的能力。

如苏教版语文三年级下册的《恐龙》，是小学阶段学生接触的第一篇说明文，文章运用举例子、打比方、列数据的说明方法，介绍了恐龙的种类、形态和生活习性。教学时，就应该采用多种方法，引导学生关注这些说明事物的方法，拉近学生与文本之间的距离。

一是比较中感知。课文的第二自然段采用多种说明方法，形象地写出了不同种类恐龙的外形特点，可以采用比较的方式，引导学生充分感悟，从而体会作者用词的准确、说明方法的生动。如教学雷龙特点：雷龙是个庞然大物，它的身体比六头大象还重，它每踏下一步就发出一声轰响，好似雷鸣一般。先让学生说说雷龙有什么特点，接着出示句子："雷龙是个庞然大物"。引导学生比较，这样也写出了雷龙的特点，是否可以？再让学生扣住文本，说说从哪里感受到它很大，是"庞然大物"。一方面扣住"比六头大象还重"，结合大象一般重5吨，估算出雷龙的体重可以达到30吨，进而告诉学生这就是作比较的说明方法，和某一种我们知道的事物比一比，就一下子能够知道它到底有多重了。另一方面扣住"好似雷鸣一般"，调动生活经验，想象雷龙走路时发出的声音，进而告诉学生这就是打比方的说明方法带给我们的感受。对于其他各种恐龙，也可以通过句子比较、联系生活、调动感官、说说体验等方法，让学生感知作者运用说明方法的作用。

二是表达中内化。语文是实践性很强的课程，只有在言语实践中才能真正提高学生的语言能力。诸如此类的课文，在感悟与体会后，可以让学生选择自己喜欢的恐龙，为大家做个介绍。这样的表达既是对文本语言的迁移运用，又能让学生内化文本语言，提高语用能力。

2.关注结构特点

说明文大都条理清晰，结构分明，尤其是事物性说明文，通常采用总分、分总、总分总的结构，读来使人觉得条理分明。就文章的开头来看，通常采用概述、设问、描述、定义、引用等方式；就具体说的内容而言，一般按照事物自身的规律与特点，由一般到个别，由具体到抽象，由现象到事理。总的来说，就是构架清晰，井然有序。这些都是值得在教学中揣摩、把握、学习的。

如苏教版语文六年级下册《海洋——21世纪的希望》一课，先写海洋与人类的关系，再写人类开发与利用海洋，最后指出要开发海洋，先要保护海洋。文章第二自然段围绕"人与海洋关系密切"，从正反两个方面进行说明，属于总分结构。第四自然段作为过渡段，提出"人类正迎来开发海洋、利用海洋的新时代"。接下来的第五至第八自然段，从开发矿产资源、提供高蛋白食品、利用水力发电、淡化海水和建设海底城市五个方面予以具体说明。这一部分也属于总分结构。

教学时，可以先抓住"热爱、敬畏"两个词，找到原因，进而发现作者从正反两个方面展开说明，再找到中心句，知道全段属于总分结构，感受这样的写法能使文章纲举目张、条理清晰。字词句段篇，由小到大，由易到难，是一个语言材料的组成单位；段乃至篇的结构方式，是中高年级语文教学应该训练的范畴。阅读是写作的奠基石，读写紧密结合，在阅读中领悟结构特点，才能在潜移默化中培养学生的语用能力。

3. 关注表达方式

文章不是无情物，说明文除了用词精当、语言准确、讲求科学外，也表达了作者的情感，尤其是那些相对来说文艺性较为浓郁的文章，很多时候会运用拟人、排比等修辞手法。如苏教版语文五年级下册《火星——地球的"孪生兄弟"》一文，开头就以排比的修辞手法，连用四个"同样"和一个"甚至"，写出了"兄弟"俩的相像之处，读来令人感觉饶有兴味，又富有气势，且体现语言的层次性。阅读时，可以引导学生发现排比修辞手法，体会"甚至"用法，读出相像处之多。

再如《海洋——21世纪的希望》一课，为了让说明的事物更生动、更具体、更形象，作者采用了拟人手法，把大海人格化。可以从"慷慨"一词发散出去，抓住关键的词语去感悟海洋的大方、无私以及它的可怕，在声情并茂朗读的前提下，结合学生的回答，相机自然地告诉学生拟人的写法在说明文中属于形象描述，可以令文章更加生动形象。引导学生关注内容的同时，回顾写法，充分体现出"语文学科的特点"，还原语文的本色。

4. 关注语言要求

说明文最大的特点是"说"，而且是有一定知识性的"说"。这些知识，有的来自科学研究资料，有的来自亲身实践过程，有的来自调查、访问后的汇总与报告。总之，都具有严格的科学性。体现在语言上，就是用词的准确性。

有的表示不确定性。比如《火星——地球的"孪生兄弟"》中就有好几处体现："也许是持续了数亿年的彗星和陨石风暴，给兄弟俩送去了最初的水。""与地球一样，火星上的水可能还有另外一种来源。"其中的"也许"和"可能"都表示未经科学研究证实，只不过是人类研究后的猜测，存在不确定性。诸如此类的词语还有很多，如"有人估计""据说"等。像这样的用词，可以引导学生去掉后和原文比较，在对比中感受到科学性、严谨性、准确性。

有的体现语文味儿。说明文貌似平实的文字里边，也处处流露着语文味儿，还是蛮有嚼头的。比如苏教版语文六年级上册《麋鹿》一课中："黄海滩涂这片广阔的土地，气候温和，林茂草丰，是麋鹿野生放养的理想场所。""39头选自英国七家动物园的麋鹿返回故乡，被送到大丰麋鹿自然保护区放养。"两处运用的都是"放养"而不是"饲养"，体现麋鹿的生存方式以及人们对它的珍爱。再如《海洋——21世纪的希望》第二自然段中"掀翻船只，冲垮海堤，毁灭沿海的城镇"三个连用的短语，排列整齐，层层递进；第五自然段中"一座座、一艘艘"体现出节奏感，而紧接的句子为什么不加上"一台台"，可以在遣词造句上探究。

（四）指引学生在表达观点中领略说理之巧

现行苏教版小学语文教材中，从四年级开始，选编了《说勤奋》（四年级上册）、《滴水穿石的启示》（五年级上册）、《谈礼貌》（五年级下册）、《学与问》（六年级上册）、《学会合作》（六年级下册）五篇说理文。因为这类文本在整个小学语文教材中的数量极少，往往被不少老师所忽视，仅仅就一篇教一篇已成为一种教学常态。

由此看来，我们在教学说理文时，不能只是孤立地研读某一篇课文，而要有一种"既见树木，又见森林"的整体研读观，把所教课文置于整个单元、整册教材、整个教学体系中，从全局着眼研读教材，加强文本之间的联系。下面就来谈谈说理文的研读思考和教学探索。

1.从"点"出发，由此及彼

《滴水穿石的启示》一文，单从题目就能一目了然，这是一篇说明事理的课文。教学中，我们固然要引导学生认真阅读课文，明白作者所要阐述的观点——"目标专一而不三心二意，持之以恒而不半途而废，就一定能够实现我们美好的理想"。不仅如此，我们还必须进一步引导学生研究文本是如何引出这个观点的。显然，本文开篇通过具体描绘安徽广德太极洞内"滴水"现象而形成的自然奇观引发话题。这部分文字很少，但词汇丰富且逻辑严密。如何带领学生体会这段文字的准确性？我们可以学习一下这个教学片段：

（1）太极洞内的奇观是什么？谁造就了这一奇观？

（2）微不足道的水滴为何能将坚硬无比的石头滴穿成一个洞？用上"因为……所以……"的句式来说一说。

（3）在刚才说的基础上，尽量多地用上文中的四字词语，介绍太极洞奇观的成因。

这样的教学设计，不仅有利于学生理解词语，还能让学生在表达中得以强化运用，同时也有助于学生在获取文本信息的基础上，进行逻辑推理，懂得选用合适的词语来组织语言说明道理。

在这一部分教学后，我们可以联系曾经学习过的《说勤奋》一文，引导学生发现作者在引出观点上的异同。通过比较，学生不难发现，这两篇文章都是用问句的方式引出观点。不同的是，《说勤奋》用设问的方式引出观点，而《滴水穿石的启示》则是在介绍自然现象的基础上用反问句引出观点。在相继学完六年级《学与问》《学会合作》两篇课文后，同样可以分别与前面的课文进行比较，启发学生思考：《谈礼貌》开篇引入"君子不失色于人，不失口于人"的用意是什么？《学与问》是从人们对"学与问"的认知常识出发，说明"学"与"问"在获取知识的过程中缺一不可，但作者话锋一转——"'问'常常是打开知识殿堂的金钥匙，是通向成功之门的铺路石。"这是为什么呢？《学会合作》开门见山，提出"今天，我想跟大家谈一谈'合作'的话题"，进而强调文章的观点——合作的重要性，这样的写法又有什么好处？如此，学生在对比阅读、相互交流的过程中不仅积累了说理文引入观点的方法，而且丰富了对说理文文体特征的感悟。

2.连"线"对比，瞻前顾后

事实胜于雄辩，生动典型的事例是说理文论证观点的主要方式。因此，感悟说理文的表达特质就必须从列举的事例这条主线入手。教学《滴水穿石的启示》这一课，只是让学生明白"举了几个例子""每个例子写了什么"是远远不够的，必须着力引导学生发现三个例子之间的内在关联，关注这些例子与文章观点的关系，明确这篇课文与本单元其他课文写人记事的不同之处。李时珍、爱迪生和齐白石三位名人的事例可以分这样几个步骤进行：①品读写什么。自读三个事例，提炼关键词，概括一句话。②悟读为何写。让学生在读中发现这三个人就是"古今中外所有成就事业的人"的代表。③研读怎么写。引导学生发现每个事例都是按"认准目标—不懈努力—取得成就"的叙述方式，与文首的自然现象"总滴一处—日雕月琢—形成奇观"以及文末作者总结的观点"目标专一—持之以恒—实现理想"——对应，让学生在品读的过程中，感受到文本逻辑的严密。④比读如何写。本单元前面几篇课文也介绍了古今中外的名人，如富兰克林、谈迁、诺贝尔，引导学生与之进行比较："本文举的三个例子跟前面学过的写人记事的文章有什么不同？"引导学生通过合作学习和细读比较，发现记叙文与说理文中的写人叙事之差异，并由此明白"习作时要根据表达的需要，对事件进行适当取舍，从而让事例能更好地为写作服务"。

对于用正面举例来证明观点，学生因为在四年级时学过《说勤奋》，所以领悟会相对容易些。教学时，让学生将这两篇文本进行比较阅读，学生会马上发现《滴水穿石的启示》一文除了举正面的例子，还通过将"雨水"和"水滴"作比较，从反面进一步来证明文中的观点。因此，我们在之后教学《谈礼貌》《学与问》《学会合作》三篇课文时，可以引导学生再分别与前面的课文进行比较：《谈礼貌》中所举的三个例子从古至今，从凡人到伟人；《学与问》和《学会合作》中列举的事例不仅具有典型性，例子之间还有依次递进的关系。由此，学生会对说理文中举例的论证方式有更深入的认识和更全面的了解。

3.观"面"统摄，着眼篇章

阅读教学中，我们既要引导学生正确地理解课文的思想内容，又要引导学生清晰地了解文本的表达方式。教学说理文时，要从文体特点入手，依体而教，顺文而导。如果仅仅让学生知晓和理解文本讲了什么理，那只是"知其然"的过程。还要引领学生从语言文字运用的角度，对文章作进一步阅读，"知其所以然"，领悟作者是按照怎样的思路来说理的。其实，文本的结构就是作者说理思路的外在表现。因而，要明确作者的说理思路就必须关注整篇课文的结构和段落之间的关系。《滴水穿石的启示》一文，由自然奇观引出观点，通过列举正反两方面的例子来论证观点，文末进一步总结观点。教学时，在学生潜心默读、讨论交流的基础上，给予适当的点拨和引导，学生就不难发现：说理文话题引入、举例证明、总结观点的结构特点和表达方式，让说理文观点鲜明、论证有力、结构严密。

虽然在四年级时学过《说勤奋》，但是说理文的基本结构只是初次接触，学生难以真正掌握。教学《滴水穿石的启示》时，有必要带领学生从整体上把握文本，再次明晰说理文的篇章结构。在后续学习的过程中，也需要经常引导学生温习说理文的篇章结构，特别是学习小学阶段最后一篇说理文《学会合作》时，不妨放手让学生自主学习，开展合作探究，对小学课本中五篇说理文的特征进行梳理归纳，发现差异之处，觅得相似之点：每篇课文基本是总分总结构，一般按照"提出观点—论证观点—总结观点"的思路来行文，即开篇总领全文，提出观点，方式多样——直接点明、古训引入、现象剖析、话题导入，中间多以举例为主，例子都具有典型性和代表性，且可以从正反两方面来论证，每个段落一般只表达一个中心意思，段中所有词、句、句群都围绕这个中心意思来阐述。《说勤奋》《滴水穿石的启示》的主要段落采用的是分总结构，每段的末句往往是总结前文、强调观点，《谈礼貌》《学与问》《学会合作》的主要段落是总分结构，每段的首句常常总领后文或承上启下，进一步提出观点。结尾段一般以议论为主，独立成段，呼应开头，照应课题，总结全文。这样，学生会自然而然地从课文叙述的内容、展开的结构和表达的方法三个角度习得说理智慧。

4.依"体"而述，立足语用

"读"与"写"这两种基本能力是学生语文综合素养的重要体现，两者相辅相成。因此，在阅读教学中，不仅仅要引导学生阅读并理解语言文字，更重要的是要让学生在吸收与积累的过程中，学以致用，生成自己的个性表达。说理文的教学亦是如此，我们在引导学生体悟其表达特点后，需要在课堂上趁热打铁，给学生搭建言语表达实践的平台，让学生在写作或者说话中体会到"举例必须紧扣观点，语言应当凝练，以概述为主"。

在教学《滴水穿石的启示》时，要重视"写"的训练。在学习三个名人的事例之后，安排学生进行仿写或者完成课后写读书笔记的作业，努力实现迁移与巩固，为后续的学习奠定基础。教材在《谈礼貌》后安排了这样的习题："选择一个能说明礼貌待人好处的事例，先说一说，再写下来。"因此，在《滴水穿石的启示》的教学中可以提高要求，让学生学会在举例的过程中穿插自己的议论。另外，再次研读文本时可以发现，文本的字里行间无不激荡着情感的波澜，与其说这是一篇说理文，不如说是一篇具有说服力的演讲稿。如果不能用饱含感情的事实陈述来唤起读者的情感认同，是很难达到教育说服目的的。因此，在教学这一文本时，除了引导学生了解说理文必要的文体特征外，还要充分利用学生好胜的心理特点，开展不拘形式的演讲活动，让学生在品读、诵读的基础上站上讲台，像演讲者一样去朗读，学会用举例说服别人，学会在演讲中与观众交流，在获得心灵启迪的同时更深入地感受说理文事例论证的严密逻辑。其实，不仅是这篇课文，另外四篇课文也都是非常好的演讲文稿。一旦在说理文的教学中有了理性与感性的有机融合，课堂就会溢满浓浓的语文味。

（五）引导学生在鉴赏名著中感悟小说之奇

苏教版小学语文高年级教材中出现了多篇小说，如《林冲棒打洪教头》《船长》《三打白骨精》等。这一类课文学生特别喜欢，因为故事情节完整，人物个性鲜明，环境描写逼真，主题思想深刻，构思角度精巧。学生在初读之后对小说内容有所了解，甚至能滔滔不绝地讲述。在小学高年级语文课上，应该带着孩子走向何方？走到哪里？我认为小说的教学，应立足于小说环境、情节、人物三要素的解析与品读，来实现由文字到文学，最终到文化的点染与传播。同时借助课堂教学中触及的意义"主题"，让学生更有方法、有深度地阅读此类小说，为以后的语文学习奠基。

1.环境不容小觑，以微知著

小说中环境描写是为交代背景、衬托人物、发展情节、渲染气氛服务的。环境描写包括自然环境描写和社会环境描写两类，自然环境描写在小说中表现较多，主要是为了表现人物的身份、地位、行动，表达人物的心情，渲染当时的气氛；社会环境描写对揭示小说的中心有着举足轻重的作用。小说中的环境描写对人物的塑造、情节的推动起到了推波助澜的作用，在教学中我们应该带着孩子走进环境，走进跌宕起伏的情节，走进纷繁复杂的人物世界。《林冲棒打洪教头》中环境描写只有一句："月亮已经上来，照得厅堂外面如同白昼。"教学时，我们让孩子体会其作用，不难理解在比武场景之前这亮如白昼的情境已经为下文林冲的胜利埋下了伏笔，更是把洪教头蛮横无理、嚣张跋扈的气焰给勾勒了出来。同样《爱之链》一课中对于环境描写的语言也可以让学生用心品味："在一条乡间公路上，乔依开着那辆破汽车慢慢地颠簸着往前走……"那条破公路，那辆破汽车，那个破天气，自然就引出了那个"破心情"——郁闷。看似无意的环境，其实都是作家有意的精心铺垫。教材中环境描写需品读，有些小说原著中的环境描写更应摆上席位。以《三打白骨精》为例，为了使学生对小说有更深入的理解，可以让学生反复品读原著中环境描写的语句："峰岩重叠，涧壑湾环。虎狼成阵走，麂鹿作群行。无数獐犯钻簇簇，满山狐兔聚丛丛。千尺大蟒，万丈长蛇。大蟒喷愁雾，长蛇吐怪风……万古常含元气老，千峰巍列日光寒。"语言是有魅力的，语言更是有穿透力的，孩子们读着读着不自觉地就说出："此刻我毛骨悚然，仿佛妖魔鬼怪就要在身边出现了！""这样的环境描写自然就意味着唐僧师徒即将遇到妖怪，会有一场大劫难！""写出景物的光、色、味，动静结合，阴森可怖!""对仗的语言更有气势,灼灼逼人,让人有一种喘不过气的感觉。"……常言说"山高必有怪,岭峻定生精",这时教师趁热打铁补充了《西游记》中经典的环境描写语句:"高不高,顶摩碧汉;大不大,根扎黄泉。山前日暖,岭后风寒。山前日暖,有三冬草木无知;岭后风寒,见九夏冰霜不化……""幢幡飘舞,宝盖飞辉。幢幡飘舞,凝空道道彩霞摇;宝盖飞辉,映日翩翩红电彻。世尊金象貌臻臻,罗汉玉容威烈烈……"等等,让孩子们知晓《西游记》中环境描写使整部小说更显得意蕴深厚,读来回味无穷。一篇或一部小说中,环境描写也许只有寥寥数语,但往往能窥一斑而见全豹,恰当的环境描写有助于人物的刻画、主题的表达、情节的推动,人物的性格通过环境得以凸显,主题的深刻通过环境来升华,情节的精彩通过环境来传递。

2.情节不遗余力,以点带面

小说情节是指在小说提供的特定环境中,由于人物之间的相互关系与环境之间的矛盾冲突而产生的一系列生活事件发生、发展直至解决的整个过程。小说主要是通过故事情节来展现人物性格,表现中心思想的。小说情节生动曲折,波澜起伏,扣人心弦。鉴赏这样的情节,我们不仅要注意情节本身的变化,还要感悟情节巧妙在何处,由此发掘情节所蕴含的主题意义。同时,又要看到作者在组织情节时所显现出的胸有全豹、高屋建瓴的艺术特点。

同样以《三打白骨精》为例,白骨精"三变"之巧和孙悟空"三打"之巧构成了小说的魂魄。教学中,我们应紧紧围绕情节的巧妙展开,不仅要让学生知晓情节吸引人,还要引导他们发现作者让情节如此扣人心弦的秘密。

(一)探究——白骨精"三变"之巧

师:白骨精"三变"巧在何处?

生:巧在白骨精所变的人物关系上,你看,美貌村姑、八旬老太、白发老公公,这样的一家子,似乎一切都是顺理成章的。

生:巧在白骨精所变的人物顺序上,让美貌的村姑先出场。首先,村姑是家中最年轻的,肯定在外干活;其次,阴险狡诈的白骨精在此刻体现得淋漓尽致,她本想一次就拿下唐僧,正好悟空不在,只有八戒和沙僧,且为了迎合八戒的好吃更好色,变成美貌的村姑还拎着斋饭,活脱脱一个早有预谋的诡计。

师:对于白骨精所变的人物,你觉得有什么相同之处?

生:美貌村姑、八旬老太、白发老公公,这些都是弱势群体,白骨精变成这些人物无非就是想博得唐僧的怜悯,激起师徒之间的矛盾,这样她就可以乘虚而入,卑鄙险恶的用心尽人皆知。

生：不仅如此，白骨精还诡计多端，居然精通三十六计，第一次用美人计，第二次用离间计，第三次用苦肉计。

师：看似一个个巧合，其实都是作者的精心安排，还有吗？

生：白骨精变的次数之巧，出现了三次，而不是只有一次，这样体现了小说一波三折、跌宕起伏的特点，增添了小说的可读性。

生："三"在一些小说中经常会用到，往往是指次数之多，如《三借芭蕉扇》《三打祝家庄》《三顾茅庐》等等，而这里也历经了三次，可见唐僧师徒真的经历了九九八十一难才取得真经。

师：小说通过一个个环环相扣、层层逼近的情节让每个读者为之牵肠挂肚。

（二）追问——孙悟空"三打"之巧

师："偶然中有必然，必然中有偶然。"其实这就是优秀小说长盛不衰的法宝。孙悟空"三打"之巧"巧"在哪？

生：打的次数之巧，作者没有安排悟空一次就把白骨精给打死了，而是到第三次才打死，这首先是情节需要，如果第一次就结束了，小说就没有了看点，另外，打了三次足见悟空的坚定、机智、勇敢，不管前途多么凶险都要斩妖除魔。

师：这就体现了《西游记》的主题——一心向善。

生：打的方式之巧，第一次"劈脸一棒"，因为妖精用美貌在迷惑众人，打脸现形；第二次"当头一棒"，因为悟空愤怒至极，不容思考；第三次"一棒打死"，因为此刻悟空对白骨精恨之入骨，众神作证下除恶务尽。

生：还有每次打前悟空的表现看似自然，实则都是作者匠心独运。第一次回来发现有妖怪，心急如焚，直接打；第二次看出妖精贼心不改，当头就打；第三次在师父的一次次责罚下，万般无奈只能叫来众神，最终才打。

生：巧合背后，悟空也发生一次次蜕变，由猴的"鲁莽"，到人的"勇敢"，最终到神的"机智、向善"。

一次次品味情节的巧合，是对文本的深入研读。在我们知晓小说一波三折、荡气回肠的同时，更应思索它有什么特殊的魅力能达到如此惊人的效果，这主要就是小说尖锐的矛盾冲突，巧妙的情节安排。在教学小说的时候，我们往往就是这样带着孩子们在精巧曲折的情节中走上几个来回，以触碰小说"情理之中、意料之外"的精妙构思。

3.人物不期而遇，以人为镜

小说的核心任务就是通过刻画人物、塑造典型人物形象来揭示社会生活某些方面的本质，从而凸显作品的主题。文学即人学，以叙事为主的小说更是以人物为中心。小说的人物具有鲜明性、典型性与独特性。对于小说中的人物，可以通过对其外貌、语言、行动、心理等细节描写的品读玩味，来感悟其性格特征、精神风貌。但是，在教学时，如果单独提取、条分缕析，就会把整篇小说割裂开去，破坏小说的整体性，冲淡小说的文学味。

卢梭曾说："教育即自然发展。"也就意味着：我们的教学，只有带领孩子们在耳濡目染中品读感悟，才能自然收获；同样，我们对小说人物的解读剖析，只有在环境描写的渲染、情节分析的推进中，才能使人物的个性日渐凸显、形象逐步丰满。换而言之，小说中的人物，不是一下子就能根植于读者的心目中，而是读者在阅读、品析的过程中，慢慢地从"种子"长成"大树"的。如《林冲棒打洪教头》一课中，林冲武艺高强、临危不乱、足智多谋、谦逊识礼；而洪教头自以为是、嚣张跋扈、目中无人、自不量力。这样的人物形象，教学中我们不能直接问孩子：林冲、洪教头是个怎样的人？从文中什么地方看出的？这就失去了小说文体的特色，使小说索然无味。我们可以让孩子们在解读小说精彩情节的过程中，自然而然地感悟林冲、洪教头的个性特征。又如《爱之链》中乔依、乔依的妻子以及老妇人的善良与真爱，在相互的传递间，均可由浅入深、由表及里地感悟到。再如雨果的经典小说《船长》，忠于职守的哈尔威船长所释放出的伟大人格魅力，是随着越来越紧张的情节逐步递增的，直至最后完美地定格在每个读者的面前，屹立于每个读者的心间。

小说中的人物虽然大多是虚构的，但都有很多生活的影子，作为读者，我们可以以人为镜，学习或者批判小说中的人物，不断丰盈自己。

关于小说教学研究，我们力争尊重小说的文体特点，遵循学生的认知特点，打破以往语文教学中的内容梳理，突破"只见文字、不见文学、更不见文化"的屏障，从"语文"的角度、"文学"的层面、"文化"的积淀去欣赏小说三要素——环境、情节、人物，让高年级的学生不仅了解小说的表层内容，还能兴味盎然地在小说中"走上几个来回"，领略小说三要素带来的无限"风光"，从而拨动小说写作的秘妙之弦，达到"既见树木更见森林"的生命教育。

（六）带领学生在诵读经典中领会古诗之情

谈到语文核心素养的培养途径，陈先云认为素养不是先天就有的，而是后天形成的。素养要经过多次培养、反复训练才能够具备。这就需要大家思考这样的问题：训练什么？怎么训练？

古诗教学是学生语文核心素养培育的有效途径，发挥着巨大作用。《江雪》是唐代诗人柳宗元的一首山水诗，描述了一幅江乡雪景图。意境幽僻，情调凄寂。面对这样一首诗，天长市第一小学的周丽娟老师慧眼识语，找准了一个点，培育学生核心素养，培养学生审美能力。

1.知悉学情，指导想象，感受画面

古诗教学的一大难点是由于古诗内容的时空跨度太大，加之学生的阅历背景太浅，学生很难与诗人产生共鸣。周老师在执教时把握学情特点，打破传统串讲式教学模式，努力知悉学情，引导想象，使学生的再造想象日益发展起来。在教学古诗时，大胆引导学生想象画面，感受画面。

初读后，教师引导学生："人们都说诗中有画，画中有景，你读着读着看到了哪些景物呢？"有的学生说："千山。"有的学生说："群山连绵起伏，一座连着一座。山峦层层叠叠，蜿蜒起伏，一眼也望不到边！"教师继续引导："还看到哪些景物？"学生说："万径。"教师引导学生展开想象感受画面："那又会是怎样的小路呢？"学生说："是一条条弯弯曲曲的小路，用石板铺成，纵横交错，好像一条条舞动的带子！"

由诗想画，由画入诗，学生就不那么压抑与沉重了，不知不觉就进入了诗的情境，从中体会诗人所描绘的景，从而感受画面美。

2.彰显文体，反复诵读，感受诗律

古诗是我国的文化瑰宝，语言凝练、意境深邃。古诗比较注重押韵、对仗，读起来朗朗上口，具有音乐美。诗文是传达诗人情感的载体，深入咀嚼，可以体味诗文的意境美、韵律美。

俗话说，"读书百遍，其义自见"，"七分诗三分读"，可见学习古诗时朗读的重要性。朗读是一种综合阅读活动。教师任何富有激情的讲解分析，都不能代替学生对诗歌的感受，应该让学生或默读静思，或高声吟唱，与作者展开心灵对话，从读中感受诗的韵律美。

周老师在指导学生初读时，要求读正确，读出诗的节奏。理解诗句时，引导学生自读诗句，想象画面，自行练读。教师引导学生探究，如果删去"绝"和"灭"这两个字，会是一幅怎样的景象？启发学生想象热闹、繁华景象。可是诗人笔锋一转，用上"绝""灭"两个字，使这一切刹那间变得如此荒凉。这需要慢慢品味，教师请学生静下心感受，相机指导学生读。

师生继续探究，把四句诗当中的第一个字连起来读读看，寻找新的发现——千万孤独，渔翁可不是一般的孤独，而是"千万孤独"啊！（引导学生练读。）

最后采用配乐朗读，引导学生读出诗的意境、诗的韵律。抓住古诗的原有特点，一唱三叹，引导学生吟诵，吟诵，再吟诵，通过反复诵读，读出诗情，读出诗的韵律美，从而更好地走进诗中去。

3.巧用资料，优化教学，把握主题

受新课标和大语文教学观的影响，我认识到古诗教学中背景资料引入的重要性、必要性。引入背景资料不仅可以丰富学生的见识，还能将诗的思想性和艺术性有机结合，使学生对文本的理解能知其然，更知其所以然。然而，如何恰当引用，又成了新的问题。如何筛选资料，在哪个教学环节出现，如何用，用了起什么作用，是培养学生收集信息的能力，还是简单地给学生一个拓展信息，或是帮助学生理解诗句……这些思考都要根据诗风的不同而决定。总而言之，要巧用资料，优化教学，引导学生把握主题。

如"读人悟情，把握本诗主题"的教学。周老师引导：诗境也是诗人的心境，这首诗寄托着诗人的心境和情怀。请看一段资料，大家一定能走进柳宗元的内心世界。（出示资料：柳宗元做官后，关心百姓，大胆革新，可是改革不到半年就失败了，柳宗元被贬到荒凉偏僻的永州。在永州，朋友们杳无音讯、母亲去世、女儿夭折，他的身体也越来越差，正是在这样的情况下，柳宗元写下了《江雪》。）

教师深情叙述："此时的柳宗元被贬永州，又失去母亲、失去朋友、失去女儿，这样的孤独和寂寞恐怕常人是难以理解和体会的，千万孤独，独孤万千，一种无奈和心寒啊！"（配乐齐读。）

教师微笑着说："令人欣慰的是，虽然被贬永州，又失去母亲、失去朋友、失去女儿，厄运接二连三，但柳宗元始终没有放弃，那孤舟独钓的蓑笠翁不正说明了这一切！任凭你天气寒冷，但蓑笠翁笑傲于江雪之中。让我们带着蓑笠翁的豪情再来读一读这首诗。"

教师借势问："此刻，你又看到了一个怎样的柳宗元？"（坚强、不屈不挠……）这样的补充资料，称得上是巧用，优化了课堂教学，从中又可以引导学生把握主题，感受人物品格美。

4.指导方法,读写结合,学以致用

读写结合在古诗教学中该如何做到呢？在平时的古诗教学课堂中，大部分教师只要求能理解诗意，熟读成诵即可。殊不知在古诗教学中，只有读写巧妙结合，教学的味道才纯正，才能收到最佳效果。

如教学诗中的"雪"。周老师引导："从哪句诗能找到雪大？"学生说："千山鸟飞绝，万径人踪灭，鸟飞光了，人都不出门了，可见雪很大。"教师没有就此满足，继续引导："你仿佛看到了怎样的大雪？"有的学生说："到处白雪皑皑，仿佛盖上了一层棉被。"有的说："青山，小路，房屋，所有的地方都披上一层厚厚的雪，目之所及，白茫茫一片。"

教师一步一步地引导学生想象画面，并巧妙地引导学生把想到的画面用语言文字和修辞手法表达出来。

在古诗教学中要善于总结学法，"读诗赏景""读人悟情"。教师引导学生用学到的方法，学习同是独钓的古诗《题秋江独钓图》，这样学生就能做到学以致用。

于永正老师说"语文姓语"，语文课上培养学生"听、说、读、写"的能力，是语文老师要做的事。不管什么样的文体，阅读教学中都应该彰显其语文的特性。只要老师愿意付出智慧，愿意深究细推，把关注的视角从内容转向方法，课堂教学就能呈现出活力，散发出魅力，闪动着智慧，洋溢着浓浓的语文味。

● 案例赏析篇

案例1 苏教版语文五年级上册《在大海中永生》第二课时教学实录与课例评点

教学实录

【教学目标】

1.能正确、流利、有感情地朗读课文，背诵课文。

2.学会本课生字，其中田字格前面的只识不写。理解由生字组成的新词。

3.想象写话练习。

4.缅怀邓小平同志的丰功伟绩，学习他爱祖国、爱人民的高尚情怀。

【教学重难点】

1.理解课文的主要内容和重点句子。

2.缅怀邓小平同志的丰功伟绩，学习他爱祖国，爱人民的高尚情怀。

【教学准备】

多媒体课件。

【教学过程】

课前播放《春天的故事》。

师：孩子们，听过这首歌吗？

生：《春天的故事》。

师：知道这首歌中歌颂的这位老人是谁吗？

生：邓小平爷爷。

师：对，是我们衷心爱戴的邓小平爷爷，让我们一起恭恭敬敬地写下他的名字。（教师板书：邓小平。学生书：邓小平。）

师：这位老人为中华儿女留下了一句震撼人心的话语。（课件出示：我是中国人民的儿子，我深情地爱着我的祖国和人民。指名让学生读。）

师：多么朴实的话语，但蕴含的感情却是那样丰富！我们再读一遍，你能体会出什么？

生：为国奉献的精神。

生：体会出邓小平爷爷对祖国和人民的爱！

师：这位伟人把他的一生都献给了祖国和人民。1997年的春天，他永远地离开了我们，临终前，他再三叮嘱，死后捐献眼角膜，解剖遗体，骨灰全部撒入大海。如果说邓小平爷爷的一生是一部伟大的著作，那么骨灰撒入大海就是他人生的最后一个篇章。今天就让我们一起重温这一篇章。

师：一起来写写课题。一齐读课题。带着自己的感受再读。

师：有气势。

师：上节课大家初读了课文，回忆一下，课文讲了什么？

生：课文讲了邓小平爷爷去世后，大家把他骨灰撒入大海时的感人情景。

师：一起来写几个词语，每个词语报一遍，写工整，有一定的速度。

默写：爱戴、民族、崭新、篇章。

大屏幕出示正确词语，学生校对。

师：谁能用上其中的一两个词语结合文中的内容说上一两句。

生：邓小平爷爷是我们全中国人民的伟人，今天将完成他人生的最后一个篇章。

生：邓小平爷爷带领我们中国人民书写了崭新历史。

师：上节课中，你还落下了哪些问题？

生：为什么邓小平爷爷在大海中永生？

生：为什么是全中国人民的儿子？

生：他最后一个篇章是什么？

生：课文为什么以"在大海中永生"为题？

师：关键要解决一个重要的问题：为什么邓小平爷爷在大海中永生？让我们一起回到1997年，感受那一刻吧。

师：请默读2～6自然段，文中哪些地方深深地打动了你？读一读，想一想，圈画批注。

生：大海呜咽……邓小平爷爷的去世令很多人都非常痛苦，就连大海也呜咽了。

师："呜咽"是什么意思？

……

师：大海真的会呜咽吗？寒风真的会痛悼吗？

生：作者借用了大海和风写出了人民很悲痛。

师：大海鸣咽，寒风痛悼，真是江河动情，天地同悲啊！男生齐读。这就是人们心情的真实写照啊。

生：我感受到了痛悼是沉痛悼念。

师：应该是什么？

生：悲痛。

生读文。

生：从"飞机在高空盘旋"看出邓爷爷去世了，大家不愿意让他的骨灰撒入大海，让飞机在高空盘旋，说明人们对邓小平爷爷十分爱戴。

生读文。

师：把"盘旋"读慢一点。

生再读。

（评点：指导有感情地朗读时要为学生创设课文内容所需要的情境，引导学生入境、入情，调动他们的想象，借助他们已有的生活经历、经验感受来理解体会课文的内容。这里，教师用动情的语言描绘情境，重温画面。学生进入情境，甚至进入角色，感受悲痛，更容易"情动辞发"而读出情感。）

师：文中有个"伴"字，有人说，应该换成"拌"，你怎么看？

生：拌是搅拌，这里不能说鲜花拌着骨灰……

师：我们读懂的不仅仅是人们的悲痛，更多的是对老人家的祈祷与怀念。

齐读课文。

师：还有哪些语句深深地感动了你？

生：邓小平爷爷一心为人民奉献。

师出示：我是中国人民的儿子，我深情地爱着我的祖国和人民。

生：邓小平爷爷一心为国家，鞠躬尽瘁，虽然他的肉体死了，但他的精神永远活在我们心中。

生：所以他在大海中永生。

生：他的无私奉献精神永远活在我们心中。一起读这句话。

师：我感到邓小平爷爷对人民的满腔热爱。

生：我从"超越时代……"感受到，邓小平爷爷不仅是为国家作出了贡献，同时也为全世界作出了贡献。读这一句。

师：为什么这么说？

出示：也许，奔腾不息的浪花会……

生：我读了这一段有个疑问，为什么文章只说了这四个方面？

师：从这四个方面你读懂了什么？

生：我读懂了邓小平爷爷……（答不出来。）

生：邓小平爷爷不仅为中国作出了贡献，他的影响超越了时代，为世界也作出了贡献。

师出示相关词句，指名让学生读。

也许，奔腾不息的浪花会把他的骨灰送往祖国的万里海疆。小平回眸应笑慰，他开创的有中国特色社会主义伟大事业，处处气象万千，后继有人，大有希望。

他提出的"一国两制"的伟大构想，即将成为现实。香港回归即在眼前，澳门回归指日可待。

实现祖国完全统一，是他，也是海峡两岸中国人民的共同心愿，骨肉同胞……

你想说什么？

生：对香港、澳门的回归贡献很大。

生：对世界人民的影响很大。

师：让我们一起回到文字，看看作者如何写出他影响之大？

生：作者用了排比句，描写他的影响之大。

师：这样的一组排比句，我们可以怎么读呢？"祖国的万里海疆，澳门、香港，宝岛台湾……"这些词，从祖国的万里海疆到太平洋、印度洋、大西洋，地域越来越广，影响越来越大。你能用你的朗读告诉我们影响越来越大吗？

师生合作读，分组读。

师：读得非常动情。当奔腾不息的浪花带着邓小平爷爷的骨灰去往这些地方时，人们会说些什么呢？请大家拿出作业单，完成小练笔。

（评点：学生的情感升华到一定的程度，心灵的震撼与思维的火花产生了共鸣，达到了"愤悱"的境界，对邓小平爷爷的情感随之在笔下流淌出来。）

学生写话练习：

祖国人民会说：＿＿＿＿＿＿＿

世界人民会说：＿＿＿＿＿＿＿

生：祖国人民会说，我们一定不会忘记邓小平爷爷的！

生：小平爷爷真伟大，改革开放让我们生活越来越好，我们不会忘记他。

生：我们感激您。您让我们港澳同胞提早回归了祖国的怀抱，感受祖国的温暖。

生：邓爷爷，谢谢你为世界人民作出的贡献。

（评点：深刻体会文章的思想感情，在阅读教学中占着重要的位置。语文教学，要晓之以理，动之以情，要体会文章的情感，以拨动学生的心弦，使他们受到感染，这种情感的熏陶和共鸣，反过来能促进学生更好地表达，以读促写，立足工具，弘扬人文，提高语文教学的实效性。）

师：孩子们，你们道出了人们的心声，这哪里是在送别伟人，分明是在歌颂伟人哪。

配音读课文。

师：让我们在音乐声中把伟人的丰功伟绩牢牢记住吧。（练习背诵。）

师：骨灰撒大海，鲜花送伟人。时近中午，专机盘旋着向大海告别。让我们再听听邓小平爷爷那震撼人心的声音（引读）。

师：邓小平爷爷走了，可他的话语却永远萦绕在我们耳边，永远回荡在我们心田，让我们铭记。（出示那句话：我是中国人民的儿子，我深情地爱着我的祖国和人民。）

师生齐诵。

师：小平爷爷已与大海融为一体，他走了，他真的走了吗？

（出示：与大海同在……）

师：还与什么同在？

与日月同在！

与世界同在！

与星辰同在！

生：邓小平爷爷虽然去世了，他的音容笑貌全留在我们心中。

师：邓小平爷爷虽然离我们而去了，但他的音容笑貌，他的丰功伟绩，他的精神，他的灵魂都永远留在了我们心中。我们永远怀念他，永远爱戴他。他在大海中永生！

（教师在课题旁边恭恭敬敬写上邓小平爷爷的名字。）

师：邓小平，一个铭刻在亿万人心中不朽的名字，让我们深情祝愿邓小平爷爷（在大海中永生!)

（音乐《春天的故事》随之响起，屏幕上出现"我是中国人民的儿子，我深情地爱着我的祖国和我的人民"。）

师生齐读：我是中国人民的儿子，我深情地爱着我的祖国和人民。

作业：对课堂练笔进行修改完善，读一个邓小平爷爷的故事并相互交流。

【板书设计】

13 在大海中永生

鸣咽　　也许……

送　　颂　　也许……

痛悼　　也许……

也许……

课例评点

《在大海中永生》是苏教版语文五年级上册的一篇课文，情感浓烈，作者运用拟人、排比、对偶等手法，以生动的语言、充沛的激情记叙了历史伟人邓小平的骨灰撒入大海的动人情景，讴歌了伟人的不朽功绩，表达了人民对伟人的深深怀念之情。

教学时，周丽娟老师以“情”为主线，贯穿始终，紧扣“我是中国人民的儿子，我深情地爱着我的祖国和人民”一咏三叹，引导学生体会作者的思想感情，使学生对邓小平爷爷的认识更加深刻，与作者产生情感的共鸣。以读代讲，读中理解，读中感悟。通过有感情地朗读，用学生的口，表达他们的内心体会，真正做到了“以情带声”“以声传情”“声情并发”，突出了语文教学工具性与人文性的统一。

（本课例参加第二届全国苏教版课堂教学大赛，荣获特等奖，周丽娟执教，胡晓燕、李玉勤指导，李玉勤整理、评点。本课例写于2008年10月。）

案例2　苏教版语文五年级上册《黄果树瀑布》第二课时教学实录与课例评点

教学实录

【教材解读】

《黄果树瀑布》是苏教版语文五年级上册第五单元"以写景为主题"的一篇文质兼美的散文。文章叙述了"我们"在黄果树瀑布景区游览的所见、所闻、所感，描绘了黄果树瀑布景观的壮美，讴歌了大自然的无限生机和对人性情的陶冶。课文语言生动形象，如诗如画，特别是作者采用了"移步换景"的方法和巧妙的比喻，是学生学习语言的好素材。

【设计理念】

用好教材，借助文本教会学生说话、写作，学会理解、积累并运用语言。体现以学生为主体，以"读"为学习之本的教学思路。在教学方法的整体构想上，借助多媒体手段，努力创设情境，让学生在情境中触摸语言文字，在品味语言、感情朗读和个性表达中，充分与文本对话，感悟文本内容，提高语文素养，构建文化的、和谐的语文课堂。

【教学目标】

1.研读描写黄果树瀑布形态和声响的句子，体会其形态和声响的特点。

2.品味重点语句，感悟瀑布的壮美及大自然无限生机对人性情的陶冶。

3.体会文章语言美，感悟文章写作方法，练习运用课文语言抒发内心感受。

【教学重难点】

1.引导学生自主研读课文重点段落——感受"瀑布的壮美"和走进"谷底时的感受"，学习作者的表达方法。

2.引导学生揣摩重点段落中的关键词句及短语，体会其表达效果，品味黄果树瀑布的壮美。

【教学准备】

多媒体课件。

【教学过程】

一、复习导入，整体感知

1.师：上节课我们学习了《黄果树瀑布》这篇课文，看看这些词语，还认识吗？

（课件出示：人喧马嘶　喧嚣　雷声轰鸣　撩　挟　聆听　谛听　缝隙　胸膛　沉醉）

指名让学生读，正音。学生再读，齐读。

2.师：用"黄果树瀑布真是——"的句式，说说你心中的黄果树瀑布。（课件出示：黄果树瀑布真是——）

生1：黄果树瀑布真是太美了！

生2：黄果树瀑布真是太壮观了！

生3：黄果树瀑布真是太震撼了！

（设计意图：从课文的关键词入手，既复习了重点词语，又让学生通过用词说话的方式巧妙地感知了对瀑布的印象。）

二、精读感悟，理解积累

（一）研读"瀑布的壮美"

1.学习第二至四段，体会瀑布声音、形态的特点。

（1）过渡：看来，黄果树瀑布确实给我们留下了十分美好的印象，其实作者就是从声音和形态两个方面写出瀑布的美。（板书：声音、形态）

师：默读课文第二至四段，想想黄果树瀑布的声音和形态各有什么特点？画出有关的句子，读一读。

学生自读课文，教师巡视指导。

（2）品读写瀑布声音、形态的三个比喻句。

①师：谁来读读写瀑布声音的句子或者形态的句子？（生读）

②（课件出示：写瀑布声、形的句子。）师：作者把瀑布的声音、形态分别比作什么？

生：作者把瀑布的声音比作微风拂过树梢、潮水涌上来和千万架织布机的大合奏。

③师：描写声音的这三处比喻能否颠倒？

生：不能。作者是由远及近听到瀑布的声音，感知瀑布的声响的。

师：对，你很会读书，能注意联系前后文仔细观察。请你读出声音的变化。

④小结：作者就是这样用形象的比喻准确地写出声音的——大。（板书：大）

⑤齐读写瀑布形态的句子。

师：作者把瀑布的形态比作——（生齐答）宽幅白练。

师：突出形态的什么特点？——（生）宽。（板书：宽）

2.品读第四段。

（1）过渡：同学们想象一下这雄伟壮丽的瀑布化作点点细雨飘洒在空中又会是一番怎样的情景呢？

（2）齐读第四段。

（3）（课件出示：银雨洒金街视频。）师：看——这就是银雨洒金街。师配乐朗读。

（4）小结。

（二）研读走进"谷底时的感受"

学习第五至七段，感受大自然无限生机对人性情的陶冶。

1.过渡：刚才我们在激情中体验了黄果树瀑布飞流直下的豪情，现在让我们深呼吸，静心思考，在宁静致远中感受黄果树瀑布带来的无限遐想的魅力！

师：默读课文第五至七段，想一想黄果树瀑布泻落在什么地方？我们来到谷底有什么感受？（板书：感受）划一划，读一读。

生：黄果树瀑布泻落在谷底。

2.交流汇报，品读写作者感受的三处句子。

师：你找到哪些描写感受的句子啦？请你读一读。

（1）品读句一。（课件出示："瀑布泻入谷底溅起的水珠直洒到我们的脸上，凉丝丝的，舒服极了。"）

师：什么感受？哪个关键词写出来了？

生：舒服极了。（板书：舒服极了）

师：因为什么舒服极了？理解"撩"。

生：因为瀑布泻入谷底溅起的水珠直洒到我们的脸上，凉丝丝的，舒服极了。

生："撩"就是用手洒水。

师：谁能把我们撩水洗脸舒服的感觉读出来？

指名读。

师：还有哪些句子也写出了感受？生读。

（2）品读句二、句三。

①（课件出示："四周乐声奏鸣，人就像漂浮在一片声浪之中，每个细胞都灌满了活力。""聆听着訇然作响的瀑布声，只觉得胸膛在扩展，就像张开的山谷，让瀑布飞流直下，挟来大自然无限的生机。"）

师：什么感受？哪个词写出来了？（板书：灌满活力　挟来生机）谈谈你的体会。

生：在谷底听瀑布的声音，一定像演唱会一样，被乐声包围着，充斥着神经，深深震撼了。

②（课件出示：瀑布泻落的声音。）

师：我们来听一听，相信你一定会体会得更深刻。

师：让我们充满生机，带着活力来读一读。

③生齐读第五、第六段。

（设计意图：研读重点段落时，设计有针对性、层次性的问题，帮助学生提炼文中的关键语句。通过对关键词句的朗读、观察、比较、思考，并借助多媒体课件看画面、听声音、谈体会，获得对文本内涵准确、全面的理解。在此基础上，再进行扎实、有效的朗读训练，帮助学生积累语言。）

三、引读课文，深化积累

（一）学习第八段

师：见到如此美景，我们完全——沉醉了。明朝著名地理学家、旅行家徐霞客见过美景千千万，可他在黄果树瀑布面前——

生齐读课文第八段。

（二）学习第一段

师：沉醉的仅仅是瀑布带给我们的心灵震撼吗？那是什么的力量？

生：大自然的力量。

师：是的，正如文章开头所说："真是一部大自然的杰作！"

生齐读课文第一段。（板书：大自然的杰作）

（设计意图：在学习重点段落的基础上，引读文章的结尾和开头，进一步加深学生对黄果树瀑布的整体印象，进而自然而然地引发对瀑布的赞叹，对大自然蓬勃生机的赞叹，和课文的作者引起共鸣。）

四、读写结合，运用积累

1.师：你见到瀑布了吗？

生：没有。

师：那为什么没见到瀑布却如闻其声，如见其形呢？

生：是文章的语言让我们感受到的。

师：是的，这就是语言的魅力！

2.写一写。

师：课文原题是《黄果树瀑布赞》，我们也来抒发心中所想，赞一赞你心中的黄果树瀑布。

学生书写，评议。

3.领悟文章的写作顺序及写作方法。

（1）过渡：如果说精美的语言是散落在文中闪亮的珍珠的话，那么写作顺序就是串起珍珠的精美丝线，课文又是按什么顺序写的？

生：先写一见到黄果树瀑布的所见所闻，再写来到谷底时的感受，最后离开瀑布。

师：是的，作者就这样一路走，一路看，一路感受着，这种写法叫——移步换景。（课件出示写法。）

（2）再读课题：作者通过写黄果树瀑布的壮美，表达了对瀑布的热爱之情，这种写法叫——借景抒情。（板书：借景抒情）

（设计意图：我们学习语文不但要知道文章写了什么，还要知道文章是怎么写的。领悟文章的写作手法，并能运用文本语言说话、写话，这才真正实现了借助文本教会学生说话、写话的目的。）

五、朗读延伸，升华情感

师：是啊，瀑布得到许多文人墨客的青睐，他们用不同的形式赞美过它，我国著名教育家叶圣陶就曾用诗的形式赞美过它，我们一起来欣赏欣赏。（课件出示：小诗——《瀑布》。配乐朗读：生齐读。）

瀑　布

叶圣陶

还没看见瀑布，

先听见瀑布的声音，

好像叠叠的浪涌上岸滩，

又像阵阵的风吹过松林。

山路忽然一转，

啊！望见了瀑布的全身，

这般景象没法比喻，

千丈青山衬着一道白银。

站在瀑布脚下仰望，

好伟大呀，一座珍珠的屏！

时时来一阵风，

把它吹得如烟，如雾，如尘。

六、作业

1.了解黄果树瀑布形成的原因。

2.仿写家乡的一处风景，写出感受。

（课件出示：搜集黄果树瀑布形成的原因，以获得对瀑布更全面的了解，增加学生的知识积累，激发学习兴趣。练习仿写，使学生运用课文写法进行写作的训练得到进一步落实。）

【板书设计】

17　黄果树瀑布

声音——大　　　借景抒情

形态——宽

舒服极了

感受　　　灌满活力　大自然的杰作

挨来生机

课例评点

一、能抓住阅读教学的核心，以"读"贯穿全文进行教学

阅读教学的核心是什么？我们说阅读就是要读。要在朗读文句的基础上理解、感悟，在读中把握文章的要旨和想要表达的精神情感。教师在教学《黄果树瀑布》时，努力架设学生和文本之间的桥梁，教给学生解读文本密码的钥匙，担任学生精神之旅的导游，用"精读感悟"的方式为学生"点睛"，使朗读训练有层次感。

首先，教师用默读有关段落画出关键语句的方法帮助学生提取文章中的关键语段，为下一步的精读训练做好铺垫。这篇课文要领悟的两个重要内容——"感知描写瀑布声音、形态的句子"和"来到谷底时的感受"都是这样被轻松提取出来的。

其次，品读关键句和指导朗读相结合，让学生在"读中理解，读中感悟，读中怡情"。比如在指导学生感知瀑布声音的特点时，先让学生读写声音的语句，再问学生作者把瀑布的声音、形态分别比作什么，让学生感受作者比喻的贴切和表达的精妙。紧接着又问学生描写声音的这三处比喻能否颠倒，让学生自己发现同是写瀑布的声音，其实是有层次的。作者以自己的视点移步换景、由远及近听到瀑布的声音，因而受到的震撼也是不一样的。并且鼓励学生"会读书，能注意联系前后文仔细观察"，这是学文章语句的过程，也是学表达方法的过程。最后再通过朗读把声音的变化体现出来。就这样读—谈感悟—找发现，再用读书的方式把读到的和感受到的进行进一步升华。

通过扎实、有效的朗读训练，反复地读，反复地说，使学生的心、老师的心与作者的情感得到共鸣。这种扎扎实实的读书，真真切切的感受，把语文的人文性和工具性极其自然地渗透到语文活动之中。

二、读写结合，指导有方法，训练有度

语文教学就是"读读写写，写写读读"。新课标指出：语文就是"实现语言积累的过程"。语文教学就是"把学到的语言进行内化的过程"。本节课，在阅读的基础上，教师引领学生发现方法，运用教材写法写作。

比如学习课文之后教师先指导学生发现文章的语言魅力，再让学生动笔写感

受，这就是一个把学习课文积累到的语言进行内化的过程。然后总结写法，在此基础上让学生进行课后仿写练习，这又是一个把内化的语言进行提高，自我创作的过程。这样有层次的训练使文本语言真正内化为学生自己的语言，实现读与写的有机结合。而学生则在教师阅读方法的指导下，在充满灵性和情感的交流中，积极主动地探索，生动活泼地学习。经过师生的共同努力，最终实现教与学的统一，学生的语文素养得到全面提升。这也做到了"核心素养"理论要求的"提高学生的个人素养，最终实现自我价值的全面提升。"

三、过渡语设计巧妙精炼，穿插自然，是本课教学的一大特色

简单罗列两条。从复习环节过渡到引入新知学习，教师是这样说的："看来，黄果树瀑布确实给我们留下了十分美好的印象，其实作者就是从声音和形态两个方面写出瀑布的美。"很自然地引入体会瀑布声音和形态的教学。

在深化语言环节，教师这样引导，"明朝著名地理学家、旅行家徐霞客见过美景千千万，可他在黄果树瀑布面前——"引导学生读课文。"沉醉的仅仅是瀑布带给我们的心灵震撼吗？那是什么的力量？"问题层层深入，让学生感受到心灵的深深触动！

（本课例参加滁州市2009年小学语文课堂教学大赛，荣获一等奖；参加第三届全国苏教版课堂教学大赛，荣获录像课一等奖。查慧执教，李玉勤、董秀清指导，李玉勤评点。本课例写于2009年11月。）

案例3　苏教版语文三年级下册《槐乡五月》第二课时教学设计与课例评点

教学设计

【教材解读】

本文是一篇文质兼美的散文，作者以优美形象的语言，细腻生动地描绘了"五月，是槐花飘香的季节，是槐乡孩子的季节"。文章写花又写人，花与人交融在一起，"花美人更美"，表达了作者对槐乡五月深深的喜爱之情。

本文的语言如诗如画，美妙动听，描写与抒情水乳交融，对称的句式错落有致，使全文呈现出较强的节奏感和浓浓的意境美，是丰富学生语言积淀，培养语感的好材料。

【教学目标】

1.学会本课生字，理解由生字组成的词语。能正确、流利、有感情地朗读课文。

2.在品味语言文字、朗诵优美词句中积累词语，逐步背诵课文。

3.掌握ABB式叠词在文中的表达效果并学会运用。

4.品析描写槐花的优美句段时，学习作者观察和描写槐花的方法。

5.在反复诵读中感悟槐乡五月的美好景色以及孩子们的热情好客、天真烂漫，获得审美享受。

【教学重难点】

1.赏、读文章优美词句，并内化为自己的语言。

2.感受槐乡的"花美人更美"，获得美的体验。

【设计理念】

阅读是学生发展思维、获得审美体验的重要途径。本课的教学应引导学生在积极主动的思维和情感活动中，在品味、朗读和积累文章优美词句中，充分领略槐乡的迷人和语言的魅力，享受审美乐趣，培养语感。阅读是学生个性化的行为，教学中要以学生为主体，尊重他们独特的感受和体验。

【设计思路】

全文分两课时完成。第一课时安排学生初读课文，掌握生字新词，初步了解课文内容，并正确、流利地读通课文。

第二课时精读课文，从复习旧知入手，既巩固了生字词、回顾了课文内容，又自然过渡到第一自然段的学习；接着以多媒体课件为载体，围绕"走近槐乡—感受美景—体验生活—抒发真情"这一线索，多角度解读文本，引导学生在品味、欣赏、朗读、练说中，感悟槐乡五月"花美人更美"的主旨，感受文章语言较强的节奏感和浓浓的意境美。同时在品析文章第一自然段对槐花的具体描写时，引导学生领会作者观察事物的方法，为课后描写一种自己喜爱的花草做好铺垫。

【教学过程】

一、复习旧知，导入新课

1.板书课题，强调"槐"字的写法，学生一齐书空。齐读课题。

2.听写生字词。（写字前提醒学生注意书写姿势：头正、身直、臂开、足安，还要做到"三个一"。）

肩头　挎走　一顿　咸的　蒜泥　炒芝麻

3.对照大屏幕，同座位互相批改、订正。（全部正确的同学奖励一颗星，写得既正确又美观的同学奖励两颗星。）

4.把句子补充完整：五月，是____的季节，是____的季节。

二、精读课文，感受槐乡花美人更美

（一）品读课文第一自然段，领略槐乡因槐花而美

1.课文哪一自然段着重写了槐花？

2.教师配乐范读第一自然段，要求学生边听边在脑海中想象画面。

3.听完之后，说说槐乡给你留下什么印象。（板书：花美）

4.学生自由轻声读第一自然段，用波浪线画出具体描写槐花美的句子，并作简单的批注。

5.交流。

★槐乡的山山洼洼，坡坡岗岗，似瑞雪初降，一片白茫茫。

（1）教师引导学生抓住关键词"山山洼洼""坡坡岗岗"体会槐花开得多，

抓住"瑞雪初降""白茫茫"了解花色之白。（板书：花多色白）

（2）通过比较"白茫茫"和"白色"，让同学们认识到ABB式的词语在表情达意上的效果。

（3）课文中还多次出现这样的叠词，出示课后练习三，齐读词语。

（4）词语训练：小弟弟（　　）的脸蛋上，嵌着一双（　　）的眼睛，一笑起来，露出几颗（　　）的小乳牙，别提有多可爱了！

学生在括号里填上恰当的ABB式的叠词，并体会其表达效果。

（5）指导想象画面并朗读，读出漫山遍野一片白茫茫的感觉。

★有的槐花抱在一起，远看像玉雕的圆球；有的槐花一条一条地挂满枝头，近看如维吾尔族姑娘披散在肩头上的小辫儿。

（1）这句话作者是按什么顺序写出了槐花的美？

（2）远看槐花美在哪里？

（3）让我们看看这"玉雕的圆球"（出示槐花图片），这些花朵长得挨挨挤挤的，文中哪个词把它写活了？引导学生抓住"抱"字体会槐花生机勃勃的美。

（4）近看槐花，又美在哪里？

（5）维吾尔族姑娘的小辫儿有什么特点？体会槐花之多。

（6）作者按照从远到近的顺序写出了槐花的姿态万千。（板书：姿态万千）

（7）让我们美美地读读这句话。

6.指导背诵。

（1）作者把槐花写得这么灵动、这么美，老师相信一定有一些已深深地刻在你们的心里。试着背诵一两句。

（2）出示相对应的图片，学生背诵喜欢的句子。

（3）鼓励学生背诵第一自然段前三句。

7.这么美的槐花把谁吸引来了？

（课件出示："嗡嗡嗡……"小蜜蜂飞来了，采走了香的粉，酿出了甜的蜜。"啪啪啪……"孩子们跑来了，篮儿挎走白生生的槐花，心里装着喜盈盈的满足。）

（1）指名读，你感受到什么？

（2）变换形式。

"嗡嗡嗡……"

小蜜蜂飞来了，

采走了香的粉，

酿出了甜的蜜。

"啪啪啪……"

孩子们跑来了，

篮儿挎走白生生的槐花，

心里装着喜盈盈的满足。

（3）让我们带着喜盈盈的满足读读这首小诗。

（4）指导背诵。

去掉两句，你还能读出来吗？

"嗡嗡嗡……"

小蜜蜂飞来了，

_____，

_____。

"啪啪啪……"

孩子们跑来了，

_____，

_____。

难度又增加了，再来试试！

"嗡嗡嗡……"

_____，

_____，

_____。

"啪啪啪……"

_____，

_____，

_____。

8.孩子们喜盈盈地挎走了一篮子槐花，回去做什么？（槐花饭）

（1）课件出示：中午，桌上就摆出了香喷喷的槐花饭，清香、醇香、浓香……这时候，连风打的旋儿都香气扑鼻，整个槐乡都浸在香海中了。

槐花饭香不香？你透过哪些词"闻"到的？

（2）课件出示：清香、醇香、浓香……

指名读，指导读出香味愈来愈浓的感觉，并体会省略号的作用。

（3）还有一个词把香气写得更浓——"浸"，引导学生理解"浸"指整个乡村被香气包围着。

（4）指导朗读。

（二）品读课文第二、三自然段，感受孩子因槐花而乐

过渡：五月，是槐花飘香的季节，更是槐乡孩子们的季节，每当洋槐开花的时候，就是他们最快乐的时候！

1.默读课文第三自然段，并思考：五月，带给槐乡孩子怎样的快乐？提醒学生默读时应做到不指读、不出声。

瞧，一群槐乡孩子来了！

2.课件出示：五月，洋槐开花了。槐乡的小姑娘变得更俊俏了，她们的衣襟上别着槐花，发辫上戴着槐花，她们飘到哪里，哪里就会有一阵清香。小小子呢，衣裤的口袋里装的是槐花，手上拿的还是槐花。他们大大咧咧的，不时就朝嘴里塞上一把，甜丝丝、香喷喷的，可真有口福呢。

（1）指名一女生读第一句，理解"飘"的含义。指名一男生读第二句，体会"小小子"的大大咧咧。

（2）槐乡孩子带给你什么样的感觉？（板书：天真可爱）

（3）男女生合作朗读，指导读出槐乡孩子的天真可爱。

3.槐乡孩子的生活这般快乐，同学们想不想到槐乡去做客？

课件出示：在洋槐开花的季节，只要哪位小朋友走进槐乡，他呀，准会被香气熏醉了，傻乎乎地卧在槐树下不想回家。好客的槐乡孩子就会把他拉到家中，请他美美地吃上一顿槐花饭。槐花饭是用大米拌槐花蒸的。吃咸的，浇上麻油、蒜泥、陈醋；吃甜的，洒上炒芝麻、拌上槐花蜜。小朋友临走时，槐乡的孩子还会送他一大包蒸过晒干的槐花，外加一小罐清亮清亮的槐花新蜜。

4.用自己喜欢的方式读。

5.对待他乡的客人，槐乡孩子是怎么做的？你觉得槐乡孩子怎么样？（板书：热情好客）

6.用热情好客的朗读邀请老师去槐乡做客。

（三）小结

槐乡的五月，花多色白、姿态万千，花真美！槐乡的孩子天真可爱、热情好客，人比花更美！（板书：人更美）

三、总结全文，升华情感

五月的槐乡，景美花香；五月的槐乡，孩子的天堂。怪不得，作者情不自禁

地赞叹——齐读最后一个自然段。

这句话也是我们发自内心的赞叹——再读最后一个自然段。

一次槐乡之旅，让我们欣赏了美，更感受了美，原来美的不仅仅是花儿，人比花儿更美！

四、布置作业

1.边想象画面边背诵课文。

2.尝试从不同角度观察一种花草，学着课文的方法写一段话，尽可能用上几个叠词。

【板书设计】

21　槐乡五月

花多色白　　　　　　　　天真可爱

花美人更美

姿态万千　　　　　　　　热情好客

课例评点

《槐乡五月》是苏教版语文三年级下册第七单元第21课，这是一篇清雅隽永的美文，它不是一首诗，却有着诗一般的语言，它不是一则童话，却有着童话般的意境。作者以优美形象的语言，生动地描绘了槐乡五月是槐花飘香的季节，是槐乡孩子的季节，表达了作者对美丽迷人的槐乡五月的赞美，对勤劳能干、热情好客、淳朴可爱的槐乡孩子的喜爱。文章素洁高雅，意境美妙，行文如流水，语言诗化，如同一首田园诗，读起来朗朗上口，是值得学生感悟诵读的好文章。

从蔡老师精心制作的课件和环环相扣的教学环节上，可以体会到她课前的精心准备。下面我就具体从以下几方面谈一谈：

一、善用多媒体，展示图片，激发兴趣

鉴于儿童偏于感性认识的特点，有些孩子可能根本就没有见过槐花，蔡老师充分利用网络，搜索了许多能切合课文，反映槐花特点的图片、录像，利用生动形象的图画给学生架设了一座与文本相通的桥梁，使学生自然而然地进入了课文中描绘的意境，拉近了学生与文本的距离，使学生与文本对话成为可能。在学习

课文时，蔡老师也适时充分地利用图片帮助学生理解，拓展思维。

二、抓关键词品赏，感悟朗读，熟读成诵

这篇课文语言优美，内容厚实。教学中蔡老师将教学重点放在了感悟朗读、熟读成诵上。朗读训练，形式多样，有范读，有引读，有引导学生自读自悟等各种形式，让学生在反复接触课文语言的过程中，加深对课文语言的理解与感悟，促进对课文语言的内化与积淀；同时引导学生对读悟情况进行及时精当的评点与肯定，不仅让学生饱尝到读书的乐趣，而且进一步激发了他们阅读的兴趣。讲读槐花的"香"部分时，蔡老师抓住一个"浸"字，反复地品读，这一品，品出了韵味，品出了情调，品出了孩子灵感的火花。抓住一个"飘"字，让学生尽情地说，尽情地读，充分尊重了学生的个体差异，让学生的个性也得到了张扬。

为了让学生读起来更有感觉，蔡老师还巧妙地利用文中字句的特点，将小蜜蜂和孩子的那一部分文字重新编排，变成了诗歌的形式，这样学生读起来更加朗朗上口，感受到了语言的魅力。在学生充分读的基础上，蔡老师更是别出心裁，利用对歌的形式，引导学生进行多种形式的背诵。不提背诵二字，学生就在兴趣盎然中背下了课文，这样的课学生学得轻松，学得快乐，谁不喜欢上呢？

三、善用课文空白，发散学生思维，集中教师智慧

课文给读者留下了许多想象的空间，利用这一点，蔡老师不但带领学生充分地读，还引导孩子们发挥想象，听弦外之音，会言外之意，如提出问题："他乡的孩子走进槐乡不想回家，他们在树下会做些什么？"以此来体会槐乡孩子的快乐。这样拓展、丰富、充实课文内容，调动了学生平常的生活积累和知识积累，还将原来抽象的语言文字变成了可爱的形象。更重要的是，发展了学生的思维能力，激发了学生热爱生活、热爱语文的情感。本篇课文语言优美，而蔡老师配合课文，她的引导语非常美，对学生的评语也让人有一种美的享受。尤其总结课文部分，蔡老师把课文改变成一首诗，更是把课堂的气氛推向了高潮。

四、围绕研究课题，尊重个体差异

这篇课文文质兼美，很适合指导学生自主学习。而要提高背诵效果，就要重视背诵方法的渗透。在本节课中，蔡老师多次涉及背诵方法的渗透，如"分类整理助背诵、画面再现助背诵、动作体验助背诵"等等，根据文本特点，尽量多地提供给学生一些背诵的方法，以便学生可以根据自己的情况自主选择使用。因为

学生的能力有差异，要求所有学生当堂都能背诵课文显然不太现实，所以在背诵时蔡老师让学生用适合自己的方法选择自己喜欢的句子背诵，这样也保持了学生背诵的兴趣。

整节课，在琅琅书声中，蔡老师让学生用心灵去拥抱语言，师生不仅一起共同体验了语言的节奏感、音韵感，还一起感受了文章的情思意境，学生在思维与情感的强烈震撼中感受到了语言的美，体验到了生活的美！

（本课例参加滁州市2013年小学语文典型课例教学展示活动，蔡玲玲执教，李玉勤、董秀清指导，李玉勤评点。本课例写于2013年5月。）

案例4 苏教版语文五年级下册《水》教学设计与课例评点

教学设计

【教材解读】

《水》主要讲述了作者儿时"缺水"的生活经历，细腻而生动地描述了"缺水"境遇中的独特感受。文本最精彩的场景莫过于"雨中洗澡"与"淋一勺水"，将一般人无法体验的对水的感觉，描写得淋漓尽致。课文采用反衬的写法，通过人们洗澡时的"痛痛快快""舒服"，衬托出水的珍贵和缺水的苦涩。

根据文本特点和学情，本课设计力图体现以下几点：

1.在阅读中揣摩语言文字的内涵，体会作者的思想感情，初步领悟文章基本的表达方法。

2.发挥学生的主体作用，注重读法、学法、写法的指导。

3.抓重点语段开展学习活动，重视体验和感悟，提高学生的阅读理解能力、概括能力、语言运用能力。

4.注重课内外结合，拓展延伸阅读。

第一课时

【教学目标】

1.学习本课生字新词，能够正确流利地朗读课文。

2.理解课文内容，厘清文章脉络。

3.学习第一自然段，初步感受水的珍贵，缺水的苦涩。

【教学重难点】

1.理解课文内容，厘清文章脉络。

2.通过"挑水"场景的学习，感受水的珍贵。

【教学过程】

一、揭示课题，初读感知

1.揭示课题，说说看到"水"这个字你想到了什么？

2.初读课文，说说作者想借这个字告诉我们什么？找出中心句"水，成了村子里最珍贵的东西"。

二、自读课文，学习生字词

1.根据要求自读课文。

（1）读准字音，读通句子。

（2）认识课后四个生字，会写"储、勺、膝"三个生字。

（3）试着联系上下文、结合生活实际或查字典理解不懂的词语。如："风干、水窖、储藏、倾注、吸吮"等词语。

2.指名分自然段读课文，读后相互评价，纠错正音，做到正确流利地朗读。

三、再读课文，厘清脉络

1.课文通过哪几个场景的描述写出了水的珍贵？

2.根据学生的回答，总结三个场景：挑水、洗澡、浇水。

四、品味"挑水"，体会苦涩

1.自由读第一自然段。这段话中的哪些词句能够让我们充分感受到水的珍贵？

2.引导学生抓住"一个""十公里之外""一处很小"等词语想象挑水的画面，感受水的珍贵，缺水的苦涩。

3.指导朗读。

第二课时

【教学目标】

1.有感情地朗读课文。

2.揣摩关键词句，感悟语言文字的丰富内涵，体会水的珍贵。

3.通过课文具体的语段，学习作者生动细腻地描写人物动作、心理感受等方法。初步感知苦事乐写的写作方法。

4.拓展延伸阅读，激发珍惜水资源的情感。

【教学重难点】

1.揣摩关键词句，感悟语言文字的丰富内涵，体会水的珍贵。

2.学习作者生动细腻地描写人物动作、心理感受等方法。初步感知苦事乐写的写作方法。

【教学过程】

一、复习导入

1.板书课题，齐读。

2.通过上节课的学习，我们知道了作家马朝虎出生在一个缺水的偏僻村庄，饱受了缺水的痛苦，但在课文中作者却回忆了儿时洗澡的两件乐事。指名让学生说一说。

3.这节课就让我们走进课文，透过语言文字，和作者一起去感受一场雨、一勺水带给他的快乐。（板书：一场雨、一勺水）

二、细读课文，品味语言

（一）感"雨水之乐"

1.自由读课文第二自然段，用一个词概括下雨带给人们的感受是什么？（板书：痛快）

2.用心读读第二自然段，从课文哪些描写中看出人们的痛快？

3.交流体会。

预设1：先是像我们这样的孩子，全身脱得光溜溜的，在雨中奔跑跳跃，大呼小叫，尽情地享受水带给我们的抚摸与清凉，还仰起头，张大嘴巴，去吃来自天空的水。

（1）引导学生抓重点词句，结合生活体验，边读边想象，感受村里孩子们的痛快，体会水的珍贵。

（2）下雨时，你会吃天空的水吗？为什么他们会？"大呼小叫"，他们会叫什么？喊什么？

（3）假如你是村里的孩子，你会用什么举动来表现你的痛快呢？

（4）相机小结学法（板书：重点词句 体验想象），并指导朗读。

预设2：然后大人们也加入到了洗澡的行列里来，只是他们远没有我们这样的无遮无挡——男人们穿着短裤，女人们则穿着长衣长裤。

关注"只是"一词，体会作者用词的确切。说说在雨中洗澡，大人和孩子有什么不同，又有什么是一样的。指导学生读出人们的痛快。

过渡：然而这样美好的日子毕竟太少了——

（课件出示：就像过节一样，这样美好的日子在我们那里毕竟太少了。更多的是干燥和炎热。特别是在夏天，在骄阳下忙了一天之后，男女老少都有一种将要被风干的感觉。）

"风干"是一种怎样的感觉？再读这段话的时候（只有在……穿着长衣长裤）体会到的仅仅是痛快吗？这还是平平常常的水吗？

4.小结写法。

这个场景作者是通过描写人物的行动生动地写出了村里人雨天洗澡的痛快。（板书：行动）

（二）品"勺水之欢"

1.在严重缺水的地方，这样的雨天能痛快洗澡的机会是极其难得的，更多的时候我们都盼望母亲把水窖打开的那一刻的到来。

2.指名读第四自然段。一勺水带给我的感受是什么？（板书：舒服）

3.一勺水从头淋到脚，一下子就过去了，但作者却写了一段话，他是怎么写出这个"舒服"的呢？

4.品读第五自然段，初步领悟作者细腻描写的方法。

下面请同学们练习用刚才品悟的方法，默读第五自然段，选择最喜欢的一句细细品味，圈出重点词句，把自己当成文中的人物去体会、去想象，可作批注。

交流体会。

句1：从头顶倾注而下的水滑过了我们的脸，像一条小溪流，顺着脖子缓缓地滑过了我们的胸和背，然后又滑过了我们的大腿和膝盖……

（重点引导学生体味"滑"字的精妙，感受描写的细腻。）

句2：在水的滑动中，我听得到每个毛孔张开嘴巴的吸吮声，我感觉得到血管里血的流动在加快。

（重点品味"吸吮"，感受水带给身体的酣畅淋漓。）

句3：水，它不多不少，在抚摸过全身的每一寸皮肤后，刚好能够润湿脚板，地上几乎没有一滴被浪费掉的水。

（品味"抚摸"，体会水带给每寸皮肤的舒服感觉。）

5.作者为什么不直接写"从头顶倾注而下的水，让我全身上下都舒服"，而写了这么长一段文字呢？初步领悟作者细腻的描写手法。

6.指导学生朗读整段话。

7.正是这一勺水，它带给了作者无尽的舒服，看看母亲是怎么说的。指名读最后一个自然段。母亲为什么不说"渴"，而说"饿"呢？

8.小结写法。

同学们，作者在写这两件事的时候，写法是不一样的，前者是写人物的行动，后者是写人物的感受。（板书：感受）

三、重温苦涩，领悟反衬写法

过渡：文中的这两个场景把水给人们带来的痛快、舒服、享受、幸福充分地描述出来了，可是村子里更多的是没水的日子，让我们跟随一组图片，重温缺水的苦涩。（播放缺水干旱图。）

1.既然水给村子里的人带来的更多的是苦，作者为什么不着力描写缺水的"苦"，而要着重写"乐"呢？

2.点明反衬的写法。

小结：得水之乐，更反衬出了缺水之苦，这叫"以乐写苦"。课文不写一个"乐"字，却让我们切实感受到了快乐，不写一个"苦"字，却让我们真切体验到了苦涩，这就是文学的魅力。今后的写作中，我们也可以运用这种反衬的写作手法。

四、布置作业，拓展阅读

1.阅读文章《一碗水的愤怒》和《一滴水的苦》。

2.结合生活实际写一写阅读的感受。

【板书设计】

27　水

重点词句　体验想象

一场雨　　　痛快　　　　（行动）

一勺水　　　舒服　　　　（感受）

反衬

苦————乐

课例评点

课程标准指出，语文课程应该致力于培养学生的语言文字运用能力。"致力"就是集中力量从事某项工作。语文课程要把力量集中在"培养学生的语言文字运用能力"上。学习语言文字的运用离不开对语言文字的理解，这里的"理解"除了指理解语言文字所表达的意思，最主要、最关键的是理解作者如何运用语言文字。依据这样的认识，教师在执教《水》时，紧紧围绕"作者如何遣词造句"展开教学，努力将理解语言内容和理解语言形式统一起来，落实教学目标。

在学习第二自然段时，教师不仅引导学生关注孩子们和大人近乎放肆的行为，紧扣一连串的动词，体会他们顾不上遮羞、顾不上文雅、顾不上累和脏，尽情享受雨水带来的痛快，而且抓住"只是""只有……才……"等词语，揣摩作者遣词造句的精当。

第三自然段中，对"风干"这一抽象词语的理解，教师则调动学生生活经验，创设"风干是一种怎样的感觉？"的话题，达到事半功倍的教学效果。

尤其是在第五自然段的教学中，"滑过"是快还是慢？一勺水怎么像一条小溪流？为什么不直接写全身上下都舒服了？这三个问题使原本熟悉的语句变得陌生起来，促使学生细细地品味、反复地揣摩，最终领悟到了矛盾中的美妙，细腻中的精彩。于是，阅读就进入了一个新的境界：从关注内容转移到了自觉地关注语言！每个部位、每个毛孔、每条血管、每寸皮肤，教师准确提炼和归纳课文内容，将模糊的理解变得清晰可见，将朦胧的写法呈现得简单明了，教者对文本理解得深刻了，学生学得自然就透彻了。歌德说："内容人人看得见，涵义只有有心人得之，形式对于大多数人是一个秘密。"作者在《水》中写了两种方式洗澡，怎么洗的，洗的感觉如何，这些内容读者一看就明白。而为什么雨中洗澡只写了一段文字，一勺水"洗澡"却写了三段文字，这种表达形式是秘密，教师不教，学生想悟得这个秘密是困难的。传统的阅读教学只关注文本的理解，对这种秘密是缺少关注的，而如此关注并引导，学生就领悟到了如何通过具体描写"有水之乐"表现"缺水之苦"的反衬写法。表达方法与文章主题息息相关，描写技巧与情感表达密不可分，教学虽聚焦表达，却言意兼得、一箭双雕。

另外，在注重揣摩语言文字运用的同时，教师比较重视朗读的指导和实践。按照蒋仲仁先生的观点："从朗读到背诵，在这个孕育的过程中，作者的语言经过咀嚼消化，变成读者自己的语言。阅读的时候，遇到某些词汇，某些句式，某些表达方法，不仅'似曾相识'，而且'司空见惯'，阅读能力这就提高了。写作的时候，想用某些词汇，某些句式，某些表达方法，就会涌到笔端，取之左右逢源，写作的能力这就提高了。"在第二自然段的教学中，教师通过引读，引导学生体会孩子和大人痛快的感受，内化文本的语言。在教学第五自然段时，始终暗示学生将自己当作四兄弟来讲述舀水冲凉的故事，再现舀水冲凉的奇妙感受，同时在不知不觉中内化作者独特的表达方法。

（本课例参加滁州市第四届新课程教学展示活动，周丽娟执教，李玉勤、刘群指导，李玉勤评点。本课例写于2013年10月。）

案例5 苏教版语文五年级上册《黄鹤楼送别》第二课时教学设计与课例评点

教学设计

【教材解读】

《黄鹤楼送别》是苏教版语文五年级上册的一篇课文。这篇课文以"文包诗"的形式再现了《黄鹤楼送孟浩然之广陵》的创作情境。故事是诗歌的扩展和阐释,诗歌是故事的浓缩和提炼,诗话互照,情景同现,是培养学生联系语言环境理解诗意、体会诗人情感的好教材。

【教学目标】

1.理解课文内容及诗句意思。

2.正确、流利、有感情地朗读课文,背诵《黄鹤楼送孟浩然之广陵》。

3.引导学生理解、感受李白与孟浩然分别时的情景,体会诗人与朋友之间依依惜别的浓浓情谊,激发学生珍惜人间友谊的美好情感。

4.学习"文包诗"的形式,进行简单的故事创编。

【教学重难点】

1.通过文与诗的对照阅读,理解课文内容和诗句意思,体会朋友之间依依惜别的思想感情。

2.学习"文包诗"的形式,进行简单的故事创编。

【教学准备】

多媒体课件。

【教学过程】

一、复习古诗,导入激情

1.中国自古以来就是诗歌的王国,人们喜欢写诗、吟诗,你知道哪些著名的诗人?你能背背他们的诗吗?这学期我们学过两首古诗,一起背一背《所见》

《寻隐者不遇》。上节课我们学习了一首抒发感情的送别诗，咱们来复习一下。

2.课件出示古诗：

黄鹤楼送孟浩然之广陵

故人西辞黄鹤楼，

烟花三月下扬州。

孤帆远影碧空尽，

唯见长江天际流。

3.学生齐读古诗。

4.每首诗的背后都有一个故事，这首诗的背后有一个什么样的故事呢？这节课让我们再次走进这首诗背后的故事，细细品读第25课《黄鹤楼送别》。板书课题。

二、情感朗读，对话叙情

1.通过上节课的学习，我们知道李白和孟浩然在黄鹤楼上话别，他们把浓浓的依依惜别之情都藏在心底。可是时间慢慢地过去，终于，这藏在心底的深情再也抑制不住了，千言万语涌上心头，李白举起酒杯说：（生接读）"孟夫子，您的人品令人敬仰，您的诗篇誉满天下。自从我结识了您，就一直把您当作我的兄长和老师。今天您就要顺江东下，前往扬州，不知我们何日才能再见面，就请您满饮此杯吧！"

自由读李白的话，你从中能读出什么？从哪句话读出来的？

预设1：李白敬仰他的什么？什么叫誉满天下？你读过孟浩然的诗吗？（《宿建德江》：移舟泊烟渚，日暮客愁新。野旷天低树，江清月近人。《春晓》：春眠不觉晓，处处闻啼鸟。夜来风雨声，花落知多少。）当时李白还是初出茅庐的青年才俊，而孟浩然已经是颇有名气的诗界名士了，和这样的人做朋友你会感到怎么样？读出你的敬仰。

预设2：再读读李白的话，除了有深深的敬意还有什么？满饮此杯，杯子里装的是什么？朋友聚会时，杯子里的酒是友情；家人团圆时，杯子里的酒是亲情。李白的这杯满满的酒里装的是什么？（离愁别恨）

2.不管是美酒，还是苦酒，这杯酒里饱含的是李白对孟浩然的浓浓情意，深深敬仰，依依不舍。

劝君更尽一杯酒，千言万语涌心头，终于，李白端起酒，对孟浩然说：（男生齐读李白的话)。

生活中突然就要失去一个良师，一个益友，一个兄长，一个知音，对于这次分别，他是多么的不舍呀！（女生齐读李白的话。）

3.面对李白的难舍难分，孟浩然又是如何劝慰的呢？孟浩然接过酒杯，一饮而尽，然后说道：（生接读）"王勃说得好：'海内存知己，天涯若比邻。'虽然我们暂时分别了，我们的友谊却像这长江的波涛永世不绝。"

你从孟浩然的话中又读出了什么？

不愧是令人敬仰的大诗人啊，此时此刻他把这种眷恋深深地埋在了心底，反而去安慰李白。带着你的理解，用如兄长、似老师一般的口吻，安慰安慰李白。（生齐读孟浩然的话别语。）

4.两个大诗人，一对好知己，道不完的离别情，叙不完的朋友谊。他们的话别是多么深情呀！选择你喜欢的角色读一读。

5.读到这里，请你用一句诗来概括这二、三自然段的内容。（故人西辞黄鹤楼，烟花三月下扬州）指导学生读出依依惜别之情。

三、体会词语，吟诗抒情

1.知己离别是惆怅的、忧伤的，但不忍别，终要别。终于，孟浩然登上了船。请大家默读第四自然段，边读边作批注。这段中哪些动词最传情？从中能体会到什么？

2.相机结合课文内容理解"伫立""凝视"等词语的内涵。（伫立：长时间地站着。凝视：注意力集中地看。）

3.课文中表示看的词还有哪些？（仰望、远眺）它们的意思有什么不同？做一做动作。请再说几个表示"看"的词语。

表示向四周看：环顾　　表示向下看：俯视

表示向上看：仰望　　表示向远处看：眺望

表示恭敬地看：瞻仰　　表示注意地看：注视

表示粗略地看：浏览　　表示偷偷地看：窥视

4.我们学语文，除了要读懂词句，还要读懂标点，从文中的省略号里你能读懂什么？孟浩然登船离岸，李白依然____；船渐行渐远，只看到模糊的帆影，李白依然____；最后连帆影也消失了，李白____只见____。省略号说明李白伫立的时间长。

5.一个省略号写尽了千言万语，道出了李白满腹的心声。多么真诚的朋友，多么深厚的友情呀，这真是情深义重。一齐满含眷恋之情地读第四自然段。其实，这段内容是诗的哪一句？指名读。

6.“问君能有几多愁，恰似一江春水向东流。”此时，李白再也按捺不住激动的心情了，随即吟出了脍炙人口的名诗——《黄鹤楼送孟浩然之广陵》。饱满的情感，横溢的才情，造就了这首脍炙人口的名诗，读读这首古诗，然后吟诵这首古诗。

7.相送情无限，有相聚就有别离，此情若是久长时，又岂在朝朝暮暮，让我们一起把这首脍炙人口的名诗背下来吧！齐背。

四、总结全文，拓展移情

1.唐诗三百首，吟尽万般情。老师再向你们推荐李白的送别诗《赠汪伦》。

赠汪伦

李白乘舟将欲行，

忽闻岸上踏歌声。

桃花潭水深千尺，

不及汪伦送我情。

2.请同学们根据古诗的内容，模仿课文“文包诗”的形式简单地写一个送别的小故事，然后交流。

诗歌大意：李白坐上小船刚刚要离开，忽然听到岸上传来告别的歌声。即使桃花潭水有一千尺那么深，也不及汪伦送别我的一片情深。

写作背景：《赠汪伦》是唐代伟大诗人李白于泾县（今安徽皖南地区）游历时写给当地好友汪伦的一首赠别诗。这首诗写于诗人与汪伦离别之际。汪伦脚踏地打着节拍，为李白送行。看到这种场面，李白激动地流下了热泪，当场写下了《赠汪伦》这首诗作为感谢。诗中十分朴素自然地表达出汪伦对李白那种朴实、真诚的情感。

3.一首好诗，就像一位好朋友，能告诉你什么是高山流水般的伟大友谊，能告诉你什么是见贤思齐的人生哲理。最后，全体起立，让我们再一次深情吟诵这首千古绝句。

【板书设计】

25　黄鹤楼送别

依依惜别　　　　情深义重

课例评点

课程标准明确为语文定性：语文课程是一门学习语言文字运用的综合性、实践性课程。可见，"学习语言文字运用"是语文的基本和核心任务，即语文教学的"灵魂"和"本色"。崔峦老师提出："要增强在阅读教学中指导读法、写法、学法的意识，有切实可行，灵活多样，适合那个年段、那篇课文的，指导怎样读、怎样写、怎样学的方法策略，并且渐渐内化成适合学生自己的读法、写法、学法，进而形成较强的学习力。"那么在"文包诗"这种类型的阅读课文中，该如何落实学习语言文字运用，指导学生读、写、学呢？董秀清老师执教的《黄鹤楼送别》一课给我们带来许多思考。

一、诗文互照悟方法

《黄鹤楼送别》以"文包诗"的形式再现了《黄鹤楼送孟浩然之广陵》的创作情境。在教学中，董老师结合"文包诗"课文的特质，引导学生找到"诗""文"内容意境上的联系和语言表述上的差异，学生通过诗文对照，理解诗意，含英咀华，品味诗情。"文包诗"课文的教学，不同于一般课文的教学，它需要借助课文研读古诗，领悟诗的丰富内涵，接受美的熏陶；同时还需要诗文互照，寻找诗与文的内在联系，了解古诗的来龙去脉，感悟古诗的丰富内涵，掌握学习古诗的方法，感受祖国语言文字之美。

二、情感朗读习语感

学习语言文字运用，不可忽视朗读。有效地指导学生情感朗读，有助于学生正确地理解文章的内容，准确地把握作者的思想感情，更能培养语感，增强学生驾驭语言文字的能力。《黄鹤楼送别》第三自然段描写了李白和孟浩然把酒送别的动人场景，李、孟二人的对白堪为"言为心声"的极佳表现。教学中，董老师紧紧抓住两位诗人的对话，引导学生反复朗读，把自己当作两位诗人模拟对话，在入情入境的朗读中，学生感受到了"终于，李白举起了酒杯"中"终于"一词的分量以及李白连用五个"您"字的情谊及孟浩然引用王勃诗句的内涵。这样，学生凭借文本具体的语言文字进入人物精神情感的深处，真正领会文本独特的"语用"。

三、想象补白练表达

"文包诗"课文语言精练简洁，怎样才能引导学生通过这些语言文字读懂诗歌的内容和情感呢？我想，如果能把简短的文字读长，那么文字背后的内容、情感、意蕴也就读懂了。于是，董老师采用给课文补白的方式将短的课文读长，发挥想象，对文中的"留白"之处进行"补充"，再让学生通过"说"或者"写"的方式表达出来，这样既能培养学生的想象能力，又能提高学生的语言文字表达能力。

在教学课文第四自然段时，董老师让学生说一说从结尾的省略号中读懂了什么？此处补白，在教师的点拨下自然生成，学生也体会到李白当时的思绪万千，走进了人物的内心世界。课堂教学中如能抓住文本的"留白"点进行补白练习，不仅可以丰富学生对文本的认识，还可以培养学生的语言表达能力。只有老师钻进文字中，学生才能对文字敏感起来。通过问题提示、留白补白的方式引导学生体会诗歌情感，能够把文章的意思读明白，把简短的诗歌读厚重。小小补白，带来大惊喜。

四、读写结合巧迁移

著名儿童文学作家曹文轩说："讲语文，不能不讲文章之道，不能不讲文章之法。"语文不能光是课文内容的读懂，不能光是思想感情的灌输，更多的是要回到文本的形式上，回到文字的写作上。因此，在学完课文后，董老师向学生推荐了另外一首送别诗《赠汪伦》，并引导学生学习"文包诗"的形式写一个小故事。

在课堂教学中，我们要关注语言文字运用的多方面性，还要以多种形式让学生进行语言文字的运用。课堂中，学生借助老师提供的诗歌大意和写作背景，根据刚刚掌握的"文包诗"课文的特点，进行了大胆创编。从课堂效果来看，同学们编的故事都有一定的情节，还有人物的对话，在汪伦为李白送别之际，李白情到深处，情不自禁地吟诵出《赠汪伦》的千古绝句。语文教学成效的最后体现，都归结到学生的写作能力之上，因此在阅读教学中，要沟通读和写的关系，引导学生从一篇篇好文本中悟得写作之道，习得写作之道，这是语文教学的重要任务，也是学习语言文字运用的重要途径。

王崧舟说：一个好的语文教师要"打开"能看到每一个文本赖以存在的土壤和文化背景的"第三只眼"。"文包诗"是一种全新而有生命力的课文形式，它将古代诗歌的音乐美、形象美、意境美与一个个具体生动的小故事紧密结合。在教学中，我们只有从语文课程的基本性质出发，充分发掘文本语言文字的特点，营造与诗歌情境相吻合的语言环境，结合学生的实际情况，为学生创设运用语言的平台，才能打开"文包诗"这一文体的"第三只眼"，从而教出语文本色和本色语文。

（本课例参加滁州市胡晓燕小学语文名师工作室赴来安县"送教送培"活动，董秀清执教，胡晓燕、李玉勤指导，李玉勤评点。本课例写于2014年12月。）

案例6 苏教版语文五年级下册《望月》
第二课时教学设计与课例评点

【教材解读】

　　《望月》是苏教版语文五年级下册第七单元中的一篇散文。全文以"望月"为聚焦点，虽形散却神聚。其静谧明雅的月色、清新俊逸的语言、深沉婉曲的意境给学生感受自然之美提供了一个自然、质朴的视角。而"小外甥"奇妙的想象，则使文章颇添了几分童话色彩，易于引起学生共鸣，便于启发他们同样用童心来感受和反映世界。作为本单元的主体文章，《望月》还能通过课外拓展的教学形式，获得超越文本的意义建构，使学生在品读、感悟中体会月亮所具有的独特的中国文化内涵，并从中受到美的教育和人文精神的熏陶。

【设计理念】

　　课程标准指出，语文教学的目的是为了全面提高学生的语文素养，促进学生的可持续发展。考虑到阅读教学的特点，在进行《望月》一课的教学预设时，充分挖掘文本的情味、韵味和趣味，同时有效地整合各种教学资源，努力构建开放而充满活力的语文教育体系。在教学过程中，通过引导学生在品读听写中感受"江中月"，在拓展比赛中沐浴"诗中月"，在迁移创作中放飞"心中月"，丰富学生的情感体验和生命体验，培养学生懂得欣赏美的情怀和学会表现美的能力。此外，通过品析研读、语言积累和想象写话等多种语文实践活动的综合运用，学生还体会到语文学习的规律，在学习的过程中实现了由"感"而"悟"，由"积累"到"运用"，由"理解"到"创造"的层层深入，并从中感受语文学习的乐趣所在。

【教学目标】

　　1.紧扣描写月亮意境优美的语句，学习其表达效果，体会月亮所具有的独特的中国文化内涵，并从中受到美的教育和人文精神的熏陶。

　　2.通过朗读训练，激发学生主动积累诗句的兴趣。

　　3.品读小外甥独特、充满童趣幻想的句子，感受小外甥的聪明好学、想象力丰富，并展开想象，尝试表达。

【教学重难点】

1.紧扣描写月亮意境优美的语句，学习其表达效果，体会"月亮"所具有的独特的中国文化内涵，并从中受到美的教育和人文精神的熏陶。

2.品读小外甥独特、充满童趣的幻想的句子，感受小外甥的聪明好学、想象力丰富，并展开想象，尝试表达。

【教学准备】

多媒体课件，实物投影。

【教学过程】

课前谈话：

师：瞧，这位女生笑起来眼睛像月牙一样美。微笑是人最美的表情，让我们带着微笑开始这节课。上课！同学们好！

生：老师好！

师：请坐！

（点评：吴老师从微笑这一话题切入课文，为孩子们创设了一个轻松愉悦的学习氛围；同时，巧妙地运用比喻，将一位女生的眼睛比作月牙，和本课主旨相照应，一举两得。）

一、回顾"江中月"，挥洒月色

师：今天我们继续学习《望月》，和老师一起书空。（老师在黑板上板书课题，边写边念：月光如水，水波映月，月夜诗情，望月抒怀。学生同步书空。）让我们一起轻柔地、美美地读课题。

生：望月。

师：作者描绘了一幅静谧美好的江月图，还在你们心间吗？

生：在。

师：有感情地齐读第二自然段。（配乐《春江花月夜》，课件出示第二自然段内容。）

学生有感情地齐读第二自然段。

师：有声有色！这就是作者眼里的"江中月"。（板书：江中月）这么美的句子，让它从我们笔尖流淌出来吧。听写第二自然段，写前端正坐姿，写字时正确端正，行款整齐，上不顶边，下不贴线。下笔一次写好，不涂不擦很重要。写完请坐正示意我一下，开始！（听写第二自然段。）

师：请看这位同学的字，对照要求评价一下。

生1：字写得非常好，有笔锋。

生2：大小都一样，写得很好。

师：评价得很到位，这位同学的字写得正确整洁，疏密有致，上下居中。勤加练习，必有所成。（实物投影：出示老师的书写）对照老师的书写，纠正错别字和标点，如果觉得哪些字不够美观，课后要加强练习。校对好了请坐正。

学生校对自己的"江中月"。

（点评：课标指出，识字、写字是阅读和写作的基础，是第一学段的教学重点，也是贯串整个义务教育阶段的重要教学内容。第一、二、三学段，要在每天的语文课中安排10分钟，让学生在教师指导下随堂练习，做到天天练。要在日常书写中增强练字意识，讲究练字效果。同时高年级要求硬笔书写楷书，行款整齐，力求美观，有一定的速度。此处吴老师利用听写，夯实基础，同时让学生再次感受到江月之美。）

二、沐浴"诗中月"，体悟诗情

师：月色如此之美，作者深深地陶醉了，偶然回头时发现身边多了一个人，谁？

生：小外甥。

师：请大家默读3～20自然段，说说你眼中的小外甥是怎样的？

生1：聪明好学。

生2：爱幻想。

生3：机灵可爱。

师：从哪儿看出来的？

生1：小外甥向我挑战对诗。

生2：把月亮想象成天的眼睛。

师：你想不想和聪明好学的小外甥一样呢。

生：想。

师：请同学扮演小外甥和老师对诗，写月亮的，你一句，我一句！

生：行！

师：那你先来吧！

生：小时不识月，呼作白玉盘。

师：明月几时有，把酒问青天。

生：床前明月光，疑是地上霜。

师：野旷天低树，江清月近人。

生：月落乌啼霜满天，江枫渔火对愁眠。

师：峨眉山月半轮秋，影入平羌江水流。

师：对完了吗？

生：没有。

师：还想背吗？

生：想！

师：我们来"接龙比赛"，背诵写月亮的诗。谁先来？

生1：秦时明月汉时关，万里长征人未还。

师：凄美。

生2：明月松间照，清泉石上流。

师：幽美。

生3：露从今夜白，月是故乡明。

师：思乡之情。

生4：春风又绿江南岸，明月何时照我还？

师：故乡啊故乡。

生5：举杯邀明月，对影成三人。

师：有趣。

生6：大漠沙如雪，燕山月似钩。

师：妙哉！

生7：当时明月在，曾照彩云归。

师：美。

生8：月上柳梢头，人约黄昏后。

师：甜蜜。

生9：海上生明月，天涯共此时。

师：好意境！

生10：明月出天山，苍茫云海间。

师：大气！写月亮的诗真是多如繁星，怎么背也背不完。月本无心人有情。
每一句诗词里都镶嵌着一轮明月，每一句诗词里都藏着诗人的情怀。这就是——

生：诗中月。

师：（板书：诗中月）诗句是美妙的，滋润着我们的心田。

（课件出示：诗，和月光一起，沐浴着我们，使我们沉醉在清幽旷远的气氛中。）齐读。

师：月光是美妙的，给我们无限的遐想。

（课件出示：诗，和月光一起，沐浴着我们，使我们沉醉在清幽旷远的气氛中。）齐读。

师：诗句是美妙的，月光是美妙的，这两种美妙的事物一起滋润着我们的心田，使我们无比舒畅。请同学们再次用心地读。

（课件出示：诗，和月光一起，沐浴着我们，使我们沉醉在清幽旷远的气氛中。）齐读。

（点评：月本无心人有情。每一句诗词里都镶嵌着一轮明月，每一句诗词里都藏着诗人的情怀。这样不仅激发学生主动积累诗句的兴趣，而且使他们对中国传统的月文化产生积极探索的愿望。）

三、放飞"心中月"，迁移创作

师：小外甥不但聪明好学，而且还爱幻想。小外甥是怎样想象月亮的？请同学们再读3～20自然段，画出相关的句子来。

课件相机出示：

"是月亮把我叫醒了。"

"像眼睛，天的眼睛。"

"这是明亮的眼睛。它很喜欢看我们的大地，所以每一次闭上了，又忍不住偷偷睁开，每个月都要圆圆地睁大一次……"

"月亮困了，睁不开眼睛了。"

师：我们通常把月亮比作什么？

生1：镰刀。

生2：眉毛。

生3：小船。

生4：玉盘。

生5：金牌。

生6：铜镜。

生7：月饼。

生8：香蕉。

师：你觉得小外甥的想象力怎么样？

生1：想象力丰富。

生2：小外甥把月亮当作人来写，看得出小外甥的调皮可爱。

生3：小外甥把月亮比作天的眼睛，每月的阴晴圆缺看成睁眼和闭眼。当云层封锁了月光时，小外甥想象月亮困了，睁不开眼了。从这段话中，我们可以感受到小外甥想象的奇特。

师：说得真好！小外甥通过一个童话故事，把月圆月缺的过程生动地呈现在我们面前。请同学们把这段话再读一遍，品味小外甥的聪明好学、爱幻想。

师：小外甥眼中的月亮令人惊讶，那有趣的童话故事还是一首美妙的诗歌（课件出示诗歌）：

这是

明亮的眼睛

它很喜欢

看我们的大地

所以

每一次闭上了

又忍不住

睁开

每个月

都要圆圆地

睁大一次……

生：齐读小诗。

师：小外甥想象独特有趣，老师相信你也一定独具匠心，把你看到的月亮挥洒出来吧！（出示图片）模仿小外甥的幻想，尝试表达，品读交流。

生1：月亮是银河里一条巨大无比的船，每天都要出海捕鱼，有时捕得多，船装得满满的，变成了一个大圆球，有时捕得少，少的只有三两条。

师：太神奇了！

生2：我觉得月亮像一扇门，天的门，有时把门关上，那是它要休息，有时把门打开，那是它要出去玩。

师：真有趣！

生3：我觉得月亮、太阳、星星是快乐的一家。太阳爸爸白天工作，月亮妈妈晚上工作，他们为我们带来温暖和光明。

师：幸福而伟大的一家人。

生4：我觉得月亮像妈妈，每天都要照看着她的孩子——满天的星星。

师：勤劳的月亮妈妈。

生5：月亮像我的一张嘴，我生气了就抿着不说话，高兴了就张着嘴笑个不停。

师：真会想！

生6：月亮像一个大大的月饼，天狗看见了，偷偷地咬了一口，发现非常美味，就又吃了一口，就这样，越吃越小，月饼被吃完了。

师：这不就是天狗食月嘛！厉害！你们和小外甥一样聪明好学，会幻想。月亮是那么美妙，它在作者的眼中是这样的：

（课件出示：月亮出来了，安详地吐洒着它的清辉。月光洒落在长江里，江面被照亮了，流动的江水中，有千点万点晶莹闪烁的光斑在跳动。江两岸，芦荡、树林和山峰的黑色剪影，在江天交界处隐隐约约地伸展着，起伏着。月光为它们镀上了一层银色的花边……）学生齐读。

师：望月，赛诗，诗中有月，月中有情。

（课件出示：诗，和月光一起，沐浴着我们，使我们沉醉在清幽旷远的气氛中。）齐读。

师：月亮困了，睁不开眼睛了。

（课件出示：天边那些淡淡的云絮在不知不觉中聚集起来，一会儿，月光就被云层封锁了。）齐读。

师：而我——

（课件出示：久久凝视着月亮消失的地方，轻轻地展开了幻想的翅膀……）齐读。

师：望月、望月，都没有月可望了，他怎么一个人轻轻地展开了幻想呢？

生：因为作者心中有月。（板书：心中月）

师：作者可能想到儿时的快乐和天真，和小伙伴们对着夜空大叫"白玉盘"，不禁吟诵出诗句——

生：小时不识月，呼作白玉盘。

师：在外地求学的漫长岁月中，每每看到高悬的明月，就想起自己的亲人，不觉吟出——

生：举头望明月，低头思故乡。

师：遥想当年，考试失利，一个人独坐江边，月已落下，愁却升起，那江枫渔火听我诉说哀愁，不禁低声叹道——

生：月落乌啼霜满天，江枫渔火对愁眠。

师：思绪飘飞，作者看到月亮出来亮堂堂，想到了母亲在楼前一边洗衣裳一边为我唱着动听的歌谣——

生：月亮出来亮堂堂，打开楼门洗衣裳，洗得白白的，晒得脆脆的。

师：歌谣是那样动听，把我引到了天上，瞧，一位裙带飘飞的仙子向着月亮飞去，那不是美丽的神话故事——

生：嫦娥奔月。

师：广寒宫的月桂树下，是谁手持巨斧，不眠不休地砍伐，那是神话故事——

生：吴刚伐桂。

师：月亮升起来了，明晃晃的，没一会，少了一半，又少了一半，渐渐地，不见了。原来是天狗在偷吃月亮，人们敲锣打鼓，燃放鞭炮，月亮重又回到人间，这不就是有趣的传说——

生：天狗食月。

师：一个动听的声音把我的思绪拉了回来，那是母亲哄我入眠的歌谣——

生：弯弯的月儿小小的船，小小的船儿两头尖，我在小小的船里坐，只看见闪闪的星星蓝蓝的天。

师：月儿无心人有情。（板书：以心观物，万物皆有情）你有一颗怎样的心就会看到一轮怎样的月。这就是"望月"的情趣。亘古不变的月亮被一代又一代的中国人歌咏、吟诵，它承载着我们满满的月光情怀。

（点评：新课标强调语言文字的运用，这也是徽派语文强调的"语用意识"。小外甥的想象力丰富，给学生们带来了学习的全新视角，也为孩子们的想象力打开了大门，既凝练了文章主题，又开拓了学生思维，同时充分落实了课标的要求。接着，吴老师和学生合作回顾课文，再次梳理了文章，回归了整体。最后的"心中月"畅想，有诗，有情，有味，令人回味无穷。）

四、延伸"望月情"，作业引航

师：课后请同学们完成以下两项作业：

1.尝试写作：在一个有月亮的夜晚，静静地望月，细细地感受，把自己看到的、想到的写下来，创作属于你的"心中月"。

2.积累写月亮的诗句，可能的话开个"诗月千年"的朗诵会。

师：今天这节课就到这儿，感谢同学们陪我度过美妙的四十分钟！谢谢！下课！

生：老师再见！谢谢老师！

（点评：语文是学习语言文字运用的综合性学科，学生学习课文后，对生活会有新的认识和体会，寻找合适的机会让学生尝试写作，不断提升学生的感受能力和习作水平，充分体现了课文即载体，生活真语文的大语文观。）

【板书设计】

25 望月

江中月　　诗中月　　　心中月

以心观物，万物皆有情

（点评：板书是文章的经脉，通过板书，可以让学生明确文章的叙述顺序和主要内容。最后的总结"以心观物，万物皆有情"，言有尽而意无穷，满满的月文化，满满的中国情。）

（本课例参加天长市2015年小学语文课堂教学大赛，荣获一等奖，吴迎春执教，董秀清、许玲玲指导，李玉勤评点。本课例写于2015年5月。）

案例7　苏教版语文二年级下册《真想变成大大的荷叶》第二课时教学设计与课例评点

教学设计

【教材解读】

《真想变成大大的荷叶》是苏教版语文二年级下册一首富有想象力、充满感情的优美诗歌，展现了孩子们在夏天的美丽遐想，洋溢着浓浓的童真童趣。全诗共五小节，通过"我"对夏天姐姐"想变点儿什么"的回答，展开了丰富的想象，铺排出一系列想变的事物，落脚在变成大大的荷叶上。这首诗歌重在写"变"，但"变"的过程中，隐含了儿童的愿望，表现了他们热爱自然的思想感情。诗歌用儿童的眼光看待世界，用儿童的思维想象世界，用儿童的笔触描绘世界，让学生在朗读、观察、想象、美读的过程中，架起抽象的语言文字符号与形象的自然画面之间的桥梁，感受语言的优美，体会诗歌的意境，获得阅读的乐趣与美的熏陶。

【设计理念】

根据本课特点和儿童的认知规律，教学时首先复习导入，创境激趣。接着导读课文，以读悟情，让学生在自读课文、整体感悟的基础上，有感而发，模仿诗歌的形式，说说写写。通过创设情境、想象场景引起学生和文本的心灵共鸣，并引导学生自主读书，以读促悟，入情入境，表达出学生内心的快乐感受。

【教学目标】

1.能正确、流利、有感情地朗读课文，背诵课文。

2.通过情境的创设和课文的朗读感悟，引领学生体验，进而分享诗人热爱生活、驰骋想象的情趣，激发学生对美好自然的向往。

【教学重难点】

1.正确、流利、有感情地朗读课文，背诵课文。

2.为什么最后"真想变成大大的荷叶"？想象自己变成了什么，用准确生动的语言表达自己的想象。

【教学准备】

课件、贴图。

【教学过程】

一、复习旧知，温故知新

1.这节课，我们接着学习——《真想变成大大的荷叶》。请同学们打开随堂本，听写几个词语。

2.跟大屏幕对照一下，全对的举手（昨天才学的，今天就全部记住了，不简单），有错的抓紧时间改过来。

二、亲近自然，品读感悟

现在，就让我们跟着夏姐姐，继续寻找夏天的足迹吧！

1.你们喜欢夏天吗？说说为什么。

2.大家这么喜欢夏姐姐，夏姐姐也热情地问我呢：想变点儿什么？（课件出示句子）谁来替夏姐姐热情地问一问。（学生读句子。）

3.那夏天里小诗人想变成什么呢？自由读读课文，找一找："我"想变成什么？用横线画下来。

4.谁能用一句话说说，小诗人想变成什么？

5.学习第二至四小节。

你最想变什么？同桌合作读一读。

雨滴和小鱼：学习第二小节。

（1）一阵雷雨过后，一滴透明的雨滴睡在了叶子上，多可爱呀！喜欢吗？读一读：透明的雨滴。

让我们都来当小雨滴好吗？我们都是小雨滴了！瞧，绿叶就是我们的摇篮。风婆婆来了，她轻轻地摇着我们的摇篮，摇啊摇啊，我们打个哈欠，睡着了。（播放音乐。）

小雨滴们，你们睡在绿叶上感觉怎么样呀？（指名说感受。）

那你能把这种舒服的感受读出来吗？

让我们都来当雨滴，在这绿叶上美美地睡一会儿吧！（学生齐读。）

（2）现在我们来到了小河边，看到这样的小河，你们想说什么？

在课文中有一个词语也写出了小河水很清很清，把它找出来？（在课件中画出"清凌凌")谁来读好这个词。

这就是我们江南清清的小河呀！哪条小鱼想游进来？

（3）采访小鱼：你在这清凌凌的小河里想玩什么呀？小鱼一会儿游到东，一会儿游到西，让你想起哪首诗？齐背《江南》。

谁还能加上自己的动作读一读？（适时评价）我们一起来试试看。

（4）小结：透明的雨滴睡在绿油油的叶子上，活泼的小鱼游动在清凌凌的小河里，多纯净的世界呀！再来感受一下这美好的景象吧。齐读第二小节。

蝴蝶和蝈蝈：学习第三小节。

（1）过渡：刚才，我们想象自己是雨滴和小鱼，我们就能把课文读得很好，下面我们就这样学习第三、第四小节，边读边想象。

（2）出示第三小节，自由读。你好像看到了什么？听到了什么？

指名说：我好像看到小蝴蝶在花丛中自由自在地飞，听到蝈蝈在那唱歌。

（3）教师播放动画"蝴蝶在花丛中穿梭"。

师：他的朗读声情不自禁地把我们带到了花园里。

教师语言描述：百花丛中，美丽的蝴蝶展开了轻快的翅膀在翩翩起舞，它们一会儿飞到东，一会儿飞到西，就叫什么呀？——穿梭（齐读）。

它们多么自由自在啊！你想变成其中的一只蝴蝶吗？快把你的快乐用朗读来告诉大家吧！

指名读。

（4）谁想变蝈蝈？能告诉老师，你为什么心里特别想唱歌呢？

（5）美丽的蝴蝶，可爱的蝈蝈，多么自由自在呀！（男女生分读第三小节。）

星星和新月：学习第四小节。

过渡：我越想越美，想变的东西越来越多，到夜幕降临的时候，我想变——（引读），我想变——（引读）夏天这样美好，不管变成什么，我们都是这样快乐。老师也想和大家一起变了，师生合作读第二至第四节，美美地读。

师：夏天是多么美好啊，"我"为什么真想变的是大大的荷叶呢？

6.学习第五小节。

（1）让我们一起走近夏日那小小的荷塘边。出示图画。

荷叶是什么样子的？让学生看图多说说（绿绿的、大大的、很美等），启发学生想象荷叶还像什么。谁来读读书上的句子。（指导学生读好"一柄大伞""静静地"）。

（2）小伙伴们多么喜欢这大伞一样的荷叶呀！看，小鱼来了？（引读）雨点

来了？（引读）

（3）夏天真热呀，有了这把荷叶伞，小鱼就不热了，它们开心地在清清的河水里玩耍，一会儿游到东，一会儿游到西，多快乐呀！雨点来了，落在荷叶上，叮叮咚咚，好像在唱歌一样。谁能读出小鱼和雨点的快乐呢！（指名读）

（4）荷叶还会给哪些小伙伴带来快乐呢？他们都藏在这长长的……里了，谁能把他们找出来。（指名说）

（　　）来了，在荷叶（　　　）。

7.这么多的小伙伴来了，荷塘里真热闹呀！你们想不想听听他们在说些什么？竖起小耳朵仔细听。（播放录音《荷叶圆圆》。）

荷叶成了小水珠的"摇篮"，成了小蜻蜓的"停机坪"，成了小青蛙的"歌台"，成了小鱼的"凉伞"，荷叶可以给这么多的小伙伴带来欢乐，怪不得我"真想变成大大的荷叶"。

8.自己读读最后一节，边读边想象，试着把它背出来。

哪位小朋友愿意先来露一手？还有谁愿意背给大家听？（你就像是一位小诗人。）

9.这篇课文，是一首优美的小诗，也是一幅优美的画，让我们用最美的声音——读书声把这幅画描绘出来。老师给你们配上音乐，大家美美地读一遍。

三、联想移情，迁移运用

如果真有那么一位有魔力的夏姐姐，也向我们教室里的每一个小朋友提出一个愿望，你想变点儿什么呢？

夏天到了，

我想变_____，

_____。

四、联系生活，拓展延伸

夏天多美呀，夏天的小池塘更美，老师想请小朋友课后动手画一画，把夏天的美、小池塘的可爱，用画笔画下来，好吗？

【板书设计】

21 真想变成大大的荷叶

荷叶贴画

小鱼、蝴蝶、蝈蝈、蜻蜓等贴画

课例评点

许老师执教的《真想变成大大的荷叶》是苏教版语文二年级下册的一首富有想象力、充满感情的优美诗歌，展现了孩子们在夏天的美丽遐想，洋溢着浓浓的童真童趣。全诗通过"我"对夏天姐姐"想变点儿什么"的回答，展开了丰富的想象，铺排出一系列想变的事物，落脚在变成大大的荷叶。

我认为，语文学科教学中，教材、文本是一个典范、一个引领，其目的不在于让教者去解词析句，而是以文本的表达方式和文字背后透露的情感态度与价值取向为追求，在课堂教学过程中，以自主、合作、探究的方式，达到习得方法、积累信息、张扬个性、求得发展的效果。这也正是课程标准中提出的：培育热爱祖国语言文字的情感，增强学习语文的自信心，养成良好的语文学习习惯，初步掌握学习语文的基本方法。

听了许玲玲老师的这堂课，勾起了我对"第五届小学语文实验教科书（苏教版）课堂教学大赛"中许老师执教的《识字8》的回忆。依稀记得，大赛评委会的专家评委对这堂课给出的七字评价"繁华落尽见真淳"。是的，许老师《真想变成大大的荷叶》的教学，也切实让我们印证了专家的评论，领略了许老师"褪尽浮华，落雪无痕"的教学风格。

一、主题词：褪尽浮华

小学语文教育是奠基工程。低年级的语文教学是需要像夯地基一样，一锤一锤夯实的。很多时候，尤其是公开教学的时候，有些老师为了增强语文教学的观赏性，设置了许多花架子，从而出现了"乱花渐欲迷人眼"的情形，尽显繁华。今天，许老师的这堂课却打破了这种思想的影响，将"实在"落实于课堂教学的各个环节。

第一，读得"实"。

课程标准在第一学段阅读目标中指出："诵读儿歌、儿童诗和浅近的古诗，展开想象，获得初步的情感体验，感受语言的优美。"《真想变成大大的荷叶》是一首富有想象力、充满感情、展现意境的优美诗歌。其景、其情需要在不同层次、不同形式、不同角度、不同体验的"读"中，才能转化为情感体验。许老师在第二环节的教学中，以形式多样、循序渐进的"读"，让学生进入情境，体验情感。如：①闭上眼睛，现在你们都是小雨滴了！瞧，绿叶就是你们的摇篮。风婆婆来了，她轻轻地摇啊摇啊，小雨滴们，你们睡在绿叶上感觉怎么样？读出你的感受！②采访小鱼：你在这清凌凌的小河里心情怎么样？读出你的感受。诸如此类环节"读"的设置，充分尊重了学生的情感体验。此外，许老师通过加动作一起读第二节，并让一名学生表演蝴蝶在花丛中飞，引出了对"穿梭"一词的理解，形象而直观，省却了繁琐的语言赘述。除此之外，还有男女生分角色读、引读、美读等形式，让学生在读中理解，在读中体味，在读中感悟，将课堂的主动权交给了学生，使读无虚情，读在实处。

法国著名的儿童心理学家卢梭说："儿童有他特有的看法、想法和感情。如果用我们的看法、想法和感情去代替他们的，那简直是最愚蠢的。"学生作为一个个鲜明的个体，他们的阅读体验是个性存在的。许老师在"读"的环节设计中注重学生自己的情感体验，在课堂中进行有机地引导，充分挖掘了学生的学习潜力，让学生自主地走入文本中。

第二，练得"实"。

课程标准在第一学段"识字与写字"目标中要求："掌握汉字的基本笔画和常用的偏旁部首，能按笔顺规则用硬笔写字，注意间架结构。初步感受汉字的形体美。"许老师在阅读教学过程中相机引出了"伞"和"戏"两个字的学习与书写指导。其中在"伞"字的认识过程中，许老师通过交流记忆识字方法、图片与文字对照等，让学生说出上面的"人"字就像伞打开的样子，中间的一长竖像伞柄，一点、一撇、一横像伞的骨架，由此让学生感受祖先造字的艺术与智慧，同时理解了汉字的表音表意功能。特别提出的是，许老师班上的学生在写字时不仅讲究坐姿，还讲究写字的习惯："写前观察思考，下笔一次写好，不擦不涂最好"。由此可看出许老师务实、扎实地对学生进行写字训练。

许老师在让学生充分把握诗的结构内容，激发学生学习兴趣，情感体验达到与作者共鸣的基础上，设置了"迁移运用"的环节，让语文学科的"工具性"落到实处。在学生能够背诵的节点处，引导学生深化文本内涵：如果真有那么一位有魔力的夏姐姐，也向我们教室里的每一个小朋友提出一个愿望，你想变点儿什么呢？出示诗的延续："夏天到了，我想变成_____。"学生此时已经融入诗的情境与角色中了，表达出了自己的愿望：

我想变成一只小鸟，

给小朋友们唱歌；

我也想变成一阵清凉的风，

给人们送去凉爽；

我还想变成一座凉亭，

给路人乘凉、休息

……

在这些童真的语言中能够看出小朋友把快乐带给别人的美好心灵，实现了课堂教学的情感、态度与价值观的目标。

二、主题词：落雪无痕

不可否认，在我们的日常课堂教学，尤其是公开教学中，有些教师在钻研教材的基础上，近乎完美地设置了教学环节，并且按照既定的环节和已有的"台词"，将学生牵入一个个"陷阱"中去。戏谑地说一句，这是一种"侵略"，是对学生思维和表达意愿的侵略。由此，我想到了四年级下册课文《最佳路径》中迪斯尼乐园的设计者格罗培斯的聪明举措：给人自由，任其选择。我看，许玲玲老师这堂课的教学也做到了这一点，教师是设计者格罗培斯，学生是游客，游客的自由选择才是设计者的选择。教学环环相扣，落雪无痕。

在诗人想变的事物——雨滴和小鱼、蝴蝶和蝈蝈、星星和新月，以及识字写话的环节，许老师都是顺着学生思维和情感的发展而展开的，一切显得那么流畅，不露强扭的痕迹。

在许老师这堂课的教学中，孩子们很开心，脸上洋溢着兴奋的红晕、快乐的微笑。我想，他们不仅读懂了词句的意思，感受了学习的乐趣，还体验了智慧带来的快乐。

（本课例参加滁州市2015年小学语文典型课例教学展示活动，许玲玲执教，胡晓燕、李玉勤、董秀清指导，张银岗评点。本课例写于2015年5月。）

案例8　苏教版语文二年级上册《美丽的丹顶鹤》第二课时教学设计与课例评点

教学设计

【教材解读】

《美丽的丹顶鹤》是苏教版语文二年级上册的一篇课文。文章情景交融、栩栩如生地描绘了丹顶鹤美丽的外形和高雅的姿态，展示了冬天丹顶鹤飞往南方过冬的情景，使人读了如临其境，顿生喜爱之心。课文文字优美，表达规范有层次，是一篇很适合低年级学生学习、模仿表达的范文。

【教学理念】

课程标准要求教师在教学过程中要充分尊重学生的主体地位，让学生自主学习。但低年级学生的自我意识水平低，自我调控能力较差。因此，教学活动中更多地着眼于学生的需要、动机、兴趣等个性倾向，让学生产生想学、爱学的心理需求。在这样的学习过程中，要培养学生学习的上进心、自觉性、自信心，让孩子大胆地学，充满自信地学，放飞个性。

同时，教学中要渗透三个意识：文体意识、整体意识、训练意识。坚持"三不教"原则：学生已经会的不教，能自己学会的不教，目前教了还不会的不教。

【教学目标】

1.有感情地朗读课文，指导背诵课文第二、第三自然段。

2.认识新偏旁"虍"，指导书写生字"度"和"虑"，结合图文和生活实际理解"引吭高歌""无忧无虑"等词语的意思。

3.通过理解词语、画面欣赏、诵读品味等方式感受丹顶鹤的美丽，自然萌发对丹顶鹤的喜爱。渗透保护野生动物的教育，初步树立学生保护野生动物的意识。

4.充分运用好课文这个例子，引导学生学习课文的语言，初步感知总分的构段方式；练习说话，拓展学生的发散性思维。

【教学重难点】

1.教会学生通过有感情地朗读体会课文内容的方法。能结合图文及生活实际理解"引吭高歌""无忧无虑"等词语的意思，通过多种语文实践活动提高语文素养。

2.通过理解词语、画面欣赏、诵读品味等方式领悟丹顶鹤的颜色美、形体美和姿态美，初步了解作者表现美的语言表达方式。

【教学准备】

学生：给丹顶鹤涂色。

教师：制作多媒体课件。

【教学过程】

一、导入

1.板书课题，齐读课题。

2.丹顶鹤到底美在哪儿呢？这节课让我们一起走进课文，去感受丹顶鹤的美丽吧！自由读读第二、第三自然段。

二、品读第二自然段，感受丹顶鹤的颜色美

1.课前布置大家给丹顶鹤涂色，谁能展示一下自己的作品（投影仪），说说你是怎么涂色的？

2.（出示第二自然段）让我们看看文中是怎样描写的？

（1）丹顶鹤真美，尤其是它身上的颜色，简单却又鲜明，找找看这里有哪些表示颜色的词。还有一个表示颜色的词在和我们捉迷藏呢，赶紧找找看。

（2）"丹"就是红，什么样的红？书中用了哪个词？像这种形式的词还有哪些？（生回答）

（3）现在你知道为什么把这种鸟叫作"丹顶鹤"了吧？谁能用"因为……所以……"的句式向大家说说？

3.齐读这段话，让我们感受它的颜色美。（板书：颜色美）

4.看着自己课前涂好色的丹顶鹤图片背诵第二自然段。

三、品读第三自然段，感受丹顶鹤的形体美和姿态美

1.指名读第三自然段。

2.这一自然段是围绕哪一句话来写的？（丹顶鹤很逗人喜爱。）

3.同桌合作学习，把丹顶鹤逗人喜爱的词句画下来，大声读读所画的句子，边读边想象丹顶鹤的美丽。

4.汇报交流，适当点拨。

预设1：它的腿长，脖子长，嘴巴也长。（课件出示句子。）

（1）这句话写出了它的形体修长，这是它的形体美。（板书：形体美）再请一个同学读一读。

（2）比较句子。

课件出示：它的腿长，脖子长，嘴巴也长。

它的腿、脖子、嘴巴都长。

读一读，你更喜欢哪句话？为什么？

（3）指导朗读，读出它的形体美。

预设2：丹顶鹤不论是在地上引吭高歌，还是在天上展翅飞翔，都显得那么高雅。

（1）结合古诗《咏鹅》中的"曲项向天歌"理解"引吭高歌"。

（2）通过学生表演理解"展翅飞翔"。

（3）指导加上动作有感情地朗读。

（4）小结板书：姿态美。

5.引读：这样高雅美丽的丹顶鹤，传说连神仙都喜欢，把它当作自己的_____，所以人们又叫它_____。

6.补充介绍：在中国，丹顶鹤是长寿吉祥的象征，常和松树画在一起，称为"松鹤延年"。

7.指导背诵第三自然段。

这一自然段围绕第一句话（丹顶鹤很_____），先写了它的形体修长（它的_____），接着写它的姿态高雅（丹顶鹤_____），最后写了一个动人的传说（传说_____）。按照这样的顺序，再想象着画面，咱们就能很快地把它背下来了，试试看。学生练习背诵，指名背诵，一起背诵。

四、品读第四自然段，感受人鹤生态情

1.让我们来到丹顶鹤的第二故乡黄海之滨，看看它们在那的生活。（课件展示丹顶鹤无忧无虑生活的情景图。）

2.欣赏完这些图片，谁来挑战一下（出示填空题，口头说一说）：

美丽的丹顶鹤无忧无虑地生活着，它们有的在空中＿＿＿，有的在河边＿＿＿，有的在水中＿＿＿，有的在阳光下＿＿＿。

教师根据学生的回答，当堂在课件中书写，并指导朗读。

3.（图片）丹顶鹤悠闲散步，快乐嬉戏，开心地生活着，这就叫——（无忧无虑）。这一切都是因为人们喜欢它们，爱护它们，为它们营造了舒适的生活环境。

4.齐读第四自然段，感受丹顶鹤的幸福生活。

五、指导写字

1.这个自然段中，有两个结构相同的生字（课件出示：虑、度），仔细观察观察，写"虑"字要注意什么？

2.从整体上看，"虑"是什么结构？（生说：半包围结构。）对，半包围结构，"虍"是我们要学的新偏旁。看老师写，大家跟着老师一起书空，短竖短横，横钩略长贴下边，撇要舒展，里面是个七"，这是"虍"字头，"心"要半藏半露。

"度"也是半包围结构，写时也要注意里面部分要半藏半露，最后一捺要舒展。

3.拿出习字纸，描一个，写两个，写字之前要注意，头正、身直、臂开、足安，还要做到"三个一"。写字时尽量一次写好，不涂不擦很重要。

4.学生在书写纸上描红、仿写。（提醒学生注意：头正、肩平、身直、足安。）

5.反馈展示，点评。

六、回归整体，布置作业

这节课，我们从颜色、形体、姿态三个方面感受到了丹顶鹤的美丽与惹人喜爱，咱们回去再读读课文，把它背下来，让丹顶鹤的美丽永驻心间。

【板书设计】

20 美丽的丹顶鹤

虑 度

颜色美

形体美

姿态美

课例评点

苏教版语文二年级上册《美丽的丹顶鹤》一课，以生动的文字介绍了丹顶鹤美丽的外形以及它们每年到黄海之滨越冬的迁徙习性。课文文字优美，将丹顶鹤写得栩栩如生，让读者不由生出对丹顶鹤的喜爱之情。全文充满了迷人的形象美、意蕴美，特别是课文第二自然段对丹顶鹤样子的描写特点鲜明，很适合品味欣赏。而第三自然段描写丹顶鹤的姿态美，文字虽然浅显，但用词准确，给读者留下了丰富的想象空间，是学生学习语言表达的生动范例。这节课上，刘老师以感受丹顶鹤的美丽为主线，充分运用教材资源，借助多媒体，运用多种手段训练了学生的语言表达能力。

一、情境创设，激发表达欲望

语言来源于生活，在我们的课堂中应该积极创设贴近学生生活的、丰富多彩的情境，让学生愉快地说、主动地说，培养学生的表达自信。在本课教学中，对于第二自然段的背诵积累的处理，刘老师转换了方式，借助感受丹顶鹤美丽的余热，让学生看着自己涂好色的丹顶鹤图片夸一夸丹顶鹤，孩子在快乐中积累，人人参与，释放个性，语言表达能力的训练得以彰显。

二、紧扣文本，关注表达形式

课堂表达，首先必须紧扣文本，关注词语，品味句子，咀嚼内涵，习得形式，一切课堂表达的"根"在文本中。教学"它的腿长，脖子长，嘴巴也长"这句话，老师教学的重点不是只引导学生得出丹顶鹤"形体修长"这个形体特点，更多地是引导学生关注这个特别的句式，像画一样，像诗一样，像慢镜头一样，写出了丹顶鹤的形体美。为了让学生真切地感受到这句话语言形式的独特，老师用"它的腿、脖子、嘴巴都长"这样的句式，引导学生进行对比品析回味，学生再读时，便很自然地有了不一样的感觉。

三、话题引领，拓宽表达路径

课堂表达离不开话题引领。一个好的话题可以把静默的文本语言激活起来，产生意想不到的表达效果。在教学完丹顶鹤"引吭高歌""展翅飞翔"之后，引导学生欣赏了一段丹顶鹤姿态高雅的视频，生动的画面、美妙的音乐、丹顶鹤优雅的姿态让学生产生了强烈的表达欲望。接着巧妙地引发了一个话题——丹顶鹤有的在空中____，有的在河边____，有的在水中____，有的在阳光下____，显得那么高雅。这个话题为学生提供了可以依托、借力的表达载体。课上"翩翩起舞""默默静立""悠闲散步"……这些生动的词语从二年级孩子的口中汩汩地冒出，学生被教活了。这样一个好的话题，引发了学生的表达热情，提升了学生的表达品质。

四、动情的朗读陶冶孩子美的情操

课文第二自然段写丹顶鹤的外形美，重在写颜色。讲它羽毛的"白"，脖子和翅膀边的"黑"，头顶嵌着的"鲜红鲜红"的红宝石，表现出它的亮丽。在教学中，刘老师十分尊重学生个体的体验："你觉得丹顶鹤哪儿很美?"学生各抒己见："丹顶鹤有一身洁白的羽毛，而脖子和翅膀边却是黑的。""它的头顶就像嵌着一颗红宝石，鲜红鲜红的。"个性化朗读中，学生无拘无束地发表着自己的真知灼见。在后文的教学中，指名读、小组读、男女生读、齐读等多种形式的朗读又一次次不断冲击学生的感官，学生每次都神情专注地朗读，美美地品尝着文中字里行间渗透的和谐美，美美地欣赏着丹顶鹤的姿态美。在一次次的美读中，学生不断融入对丹顶鹤的由衷喜爱之情。

语文学科是一门实践性很强的学科，从教学任务上说，语文教学就是为了发展和培养学生的语言理解、表达能力。因此，在语文课上教师更应积极开展语言文字的实践活动，多为孩子提供各种语言表达的机会。

（本课例参加滁州市2015年小学语文课堂教学大赛，荣获一等奖，刘群执教，李玉勤、周丽娟指导，李玉勤评点。本课例写于2015年11月。）

案例9 苏教版五年级上册《高尔基和他的儿子》第一课时教学设计与课例评点

教学设计

【教材解读】

《高尔基和他的儿子》选自苏教版语文五年级上册第四单元，课文通过高尔基和他10岁儿子之间发生的"栽花赏花"以及"写信教子"两件生活小事，反映了高尔基父子之间的亲情和高尔基育子先育心的拳拳爱心。全文以"爱"为轴心，语言清新，含义深刻，耐人寻味。第一件事"栽花赏花"，重在描写，其中4、5自然段中的景色描写，既写出了花儿的美好，又烘托了人物心情和品质，值得细细品味。第二件事"写信教子"，重在说理。"'给'，永远比'拿'愉快……"富有哲理，是全文的点睛之笔。

【设计理念】

本篇课文第一课时教学应紧扣"爱"字展开，引导学生品词析句、潜心品文，既让学生了解文本的表达顺序，领悟基本的表达方法，又让学生感悟文本内容，体会作品的思想内涵。课前预习单的使用旨在了解学生的学情，以学定教，在充分"备学生"的基础上，紧紧围绕不同层次的学生现状，适时调控课堂。让学生在语言实践中，习得表达方法，获得思想启迪，受到情感熏陶。

【教学目标】

1.学会本课两个生字，理解"探望""欣赏"等词语，能正确、流利、有感情地朗读课文，背诵课文4、5自然段。

2.了解课文主要内容，厘清课文脉络。

3.精读课文"栽花赏花"部分，体会父子真爱，领悟以写景烘托人物心情的表达方法。

【教学重难点】

1.正确、流利、有感情地朗读课文，背诵课文4、5自然段。

2.体会父子真爱，领悟以写景烘托人物心情的表达方法。

【教学准备】

课件、磁性田字格、预习单。

【教学过程】

一、谈话激趣，导入新课

1.有这样一位作家，他在散文诗《海燕之歌》中写道："让暴风雨来得更猛烈些吧！"他把革命者比作与暴风雨搏击的海燕，其实他本人就是勇敢的"海燕"。

出示高尔基图片，他就是——

说说你对高尔基的了解。

2.今天，就让我们走近高尔基，学习第14课《高尔基和他的儿子》。

3.板书课题。

一起读。读了课题你有什么疑问？

他们父子之间发生的事，就是这篇课文的主要内容。

二、梳理学情，以学定教

1.课前，同学们根据预习单进行了预习，老师梳理了你们的预习单，看到大多数同学很好地完成了预习任务，但同时也发现了一些同学存在的问题。（出示预习单，指出典型问题。）

2.在接下来的学习中，我们将一一解决这些问题。

3.交流反馈：

（1）读词语，相机正音，指导书写生字。

妻子　脸庞　镢头　探望　姹紫嫣红

请一位同学来读读生词，然后齐读。

①指导读好"镢头"。出示图片：这就是镢头，刨土用的一种农具。

②依据学情，相机指导书写生字。

（2）想写好"妻"，要注意什么？

指导书写"妻"：上紧下松更舒展，竖画撇点中线上，横画间距要匀称，多横变化一横长。

"庞"：半包结构半藏露，一字多撇斜度变。

（3）这篇课文主要写了高尔基父子之间发生的什么事呢？（指名说）

这个同学主要内容都说清楚了，但是不够简洁。哪位同学能用简洁的语言说说课文的主要内容？

课文主要讲了两件事，请你用两个词来概括一下。

概括、板书：栽花赏花　写信教子

这两件事都体现出高尔基和他儿子之间的——（爱），课文一开始就告诉我们——出示"高尔基是一位伟大的作家，他很爱自己的儿子"。你读出了什么？

不仅高尔基爱儿子，儿子也爱他的爸爸呀！哪件事写了儿子对爸爸的爱呢？是哪几个自然段？

三、精读感悟，体悟表达

请同学们看大屏幕，对照自学要求，开始自学。

1.课件出示自学要求：默读2～5自然段，用"——"画出你认为值得积累的句子，并写下自己的读书感受。

2.学生自学，师巡视指导。

3.交流汇报。

第一，关于栽花。

（1）"有一年，高尔基在意大利的一个小岛上休养，他的妻子带着儿子前来探望他。"（引导学生抓住关键词"探望"体会：当时，高尔基受到迫害才来到意大利的小岛上休养，一家人见面是特别不容易的，因此用"探望"显得正式而珍惜。）

从苏联到意大利，路途虽然遥远，但也没能阻挡儿子探望爸爸的心，这就是儿子对爸爸的爱！读！

（2）"来到爸爸身边以后，他顾不上休息，一直在忙着栽种各种各样的花草。"

学生谈感受。（抓住"顾不上""一直""各种各样"来体会。）

（3）想象情境填空：

来到爸爸身边以后，他顾不上休息，一直在忙着栽种各种各样的花草：一会儿_____，一会儿_____，一会儿_____……虽然累得_____，但是他想_____。

一花独秀不是春，百花齐放才是春满园。为了给父亲减轻身体的病痛，他栽了一棵又一棵花，这就是儿子对爸爸的爱！

（4）"假期很快过去了，他告别爸爸，跟妈妈回苏联去了。"

看着满院亲手栽种的花草，儿子幸福地笑了，他仿佛看见——

第二，关于赏花。

（1）自读4、5自然段。

在儿子的期待中，春天到了。自读4、5自然段，透过文字，你感受到了什么？

引导学生感受景色的美，指导有感情朗读。

（2）出示第四自然段：

用你的朗读，把我们带进如此美丽的画卷中。

（3）出示第五自然段：

①满园姹紫嫣红的花儿饱含着儿子对爸爸深深的爱。爸爸看到盛开的鲜花，心情又是怎样的？

②"高尔基坐在院子里，欣赏着儿子种的花，心里有说不出的高兴。"

一个"欣赏"，你读出了什么？（欣赏美丽的花儿，更是对儿子的欣赏，儿子种出如此美丽的鲜花，高尔基为儿子感到骄傲。）

③"瞧，那些盛开的花朵多像儿子红扑扑的脸庞啊！"

通过比喻句，引导学生体会高尔基对儿子的思念。

这是一个——（比喻句），你读出了什么？

高尔基看到儿子栽的花，就想起了儿子，这叫睹物思人。美丽的景色烘托出高尔基愉快的心情，也烘托出儿子对高尔基的爱，写景可以烘托人物心情，这种表达方法值得借鉴。

4.指导学生试背课文4、5自然段。

试着把这样的美景记在心中。

5.美妙的文字不仅要记在心中，还要流淌在笔尖。课前，你们在预习单上摘抄了自己认为值得积累的词句，看这位同学摘抄的词句，请你评价一下他的书写。（相机指出不足，提出书写要求：行款整齐一条线，大小相宜字距匀。）老师课前也摘抄了自己喜欢的词句，请你评价一下。打开写字纸，依据要求，再次摘抄你认为值得积累的词句。

6.展示，依据标准评价。

四、总结延伸，布置作业

儿子给爸爸、给这个岛带来这么多美好的东西，高尔基心里有说不出的高兴，不久，儿子收到了高尔基从远方寄来的信（出示信的内容）。课后，请你仔细阅读这封信，并代高尔基的儿子给高尔基写一封回信。

【板书设计】

14　高尔基和他的儿子

爱　　栽花赏花
　　　写信教子

课例评点

《高尔基和他的儿子》选自苏教版语文五年级上册第四单元，课文通过高尔基和他10岁儿子之间发生的"栽花赏花"以及"写信教子"两件生活小事，反映了高尔基父子之间的亲情和高尔基育子先育心的拳拳爱心。在教学中，许老师教学目标明确，教学过程扎实有效，把读、悟的主动权交给学生，让学生在读中感悟，充分体现了"生本"理念。

一、目标的达成

教学目标是教学的出发点和归宿，它的正确制订和达成，是衡量一节课好坏的主要尺度。在这节课上，许老师各环节教学目标十分清晰，体现了新课程"以学生发展为本"的价值追求。

许老师通过预习单的形式，让学生对高尔基父子之间发生的事有了初步的了解，同时梳理出预习中学生不会的内容，并以此为教学重点，真正做到了"以学定教"。例如，原先的教学设计上是指导学生学写两个生字，但是预习中发现"庞"字无人写错，而"妻"字易错，许老师便仅仅指导了"妻"的写法。学生会的，不用老师再重复，老师要教的，是学生不会的。由于课前作了充分的预习，学生课文读得比较正确、通顺、流利，能够把握住课文的主要内容；接着学习课文第二自然段，通过自读、交流感受，让学生感悟到高尔基和他儿子之间那种浓浓的亲情。后来的背诵课文、完成积累作业环节目标指向也非常明确。

二、方法的指导

我印象最深的是"精读感悟，体悟表达"这一环节。文中的儿子爱父亲，是通过栽花这一段来体现的。儿子才10岁，却懂得怎样去关心父亲，为了让父亲欣赏到美丽的鲜花，他顾不上休息，一直忙着栽花。父亲爱儿子，从赏花与写信这两件事体现出来。怎么样让学生感悟到父子之间的爱呢？高年级的学生已经具备一定的阅读能力和理解能力了，他们有能力通过自读来感悟文章所蕴含的情感。所以许老师放手让学生自己去读，自己去品。在此过程中，许老师非常重视方法的指导。一开始就出示了阅读要求：默读2～5自然段，用"——"画出你认为值得积累的句子，并写下自己的读书感受。这一要求本身就是一种读书方法的指导，让学生有明确的学习目标，知道自己该怎么去读书。在学生阅读过程中，老师也在不停地指导：有时是直接告诉学生怎么做记号、怎么写感受；有时表扬做得好的同学，告诉同学们他是怎么做的，为阅读有困难的同学做示范；有时提示学生可以向身边的同学请教。

三、素养的提升

课程标准中指出"语言文字运用"是语文学科之特质、语文能力之核心、语文素养之根本，语文的核心任务是语言的功能，强调语言的实践运用。如果说落实"双基"是教育目标的1.0版，三维目标是2.0版，那么核心素养就是3.0版。许老师在教学中引领学生细读课文，让学生在语言之河中愉快而幸福地畅游，倾听课文发出的细微声响，欣赏课文精湛的语言艺术，感受课文蕴含的人文关怀，揣摩作者的行文思路。此外，还抓住文中的重点词句，引导学生全身心投入诵读、品味与感悟，以便提高学生的思维能力、语言能力。

（本课例参加滁州市2017年小学语文典型课例教学展示活动，许玲玲执教，胡晓燕、李玉勤、董秀清指导，李玉勤评点。本课例写于2017年10月。）

案例10 苏教版语文二年级上册《大禹治水》第一课时教学设计与课例评点

教学设计

【教学目标】

1.能正确、流利、有感情地朗读课文。

2.学会本课生字，理解由生字组成的词语。

3.能在具体的语言文字中感悟文章表达的主旨，知道大禹是我国古代传说中为民造福的英雄，感受大禹制服洪水的顽强意志、聪明才智和一心为民的崇高品质。

4.指导学生学会用"一边读，一边想"的方法进行有感情地朗读。

【教学重难点】

1.认读生字词，正确、流利、有感情地朗读课文。

2.在文字中理解、感悟主人公形象。

【教学过程】

课前谈话：

①师生互相问候。

②猜谜：用手拿不起，用刀劈不开，煮饭和洗衣，都得请我来。（板书：水）

③请你说个词。

④（总结出示水的各种图片。）师：我们的生活离不开水，但是，有时候，水也会给我们的生活带来灾难！（播放视频）在这滔滔的洪水中，你看到了什么？有什么想说的？今天，我们就要学习一个有关治理洪水的古代传说。

一、检查预习，走近文本

1.导入新课，板书课题——"大禹治水"。

2.检查预习。同学们课前已经读了这篇课文，请你们来读读这些词语。

治理　仔细　引导　无家可归　流入　一共　父亲　代代相传
①带拼音读。②去掉拼音读。③齐读。

二、梳理内容，感知整体

老师请几位同学来读课文，其他同学注意倾听！读错的地方，等会儿指出来！

1.指名朗读第一自然段。

①你读出了什么？（学生说：太可怕。）可怕在哪里？

②这可怕的洪水像什么呢？（像魔鬼……）读出洪水的可怕！（板书：洪水）

③女生一起读，读出洪水的可怕！

④"归"是本课的生字。你打算怎样记住它？

⑤先看整体。

⑥"归"字右边就是我们要学的新偏旁"雪字底"。

⑦一起来书空。请你用"归"说个词。

2.朗读第二自然段。

谁来接着读。评价。

①出示句子：你怎样记住"仔细"这个词。

②创设语境，练习说话：你们仔细地做过哪些事？

3.朗读第三自然段。

请一个同学读第三自然段。评价。

4.朗读第四自然段。

历经了千辛万苦，洪水被制服了，谁来接着读！

①请学生自我评价。

②从此，大禹的名字——代代相传。"代"也是本课的生字。

③谁来说说"代"的笔顺。评价："代"的笔顺容易错，一起来书空。

5.故事读完了，你认识了一个怎样的大禹？

对呀，像书中说的那样，（　）的禹，制服了洪水，成了老百姓心中的伟大英雄！

三、精读探究，感悟人物

课件出示：在治理洪水的过程中，禹做了哪些事？请在课文里找出相关段落，画一画，读一读。

1.学生自读第二自然段。

2.学生交流汇报。

下面我们来交流交流大家画的句子。

（1）预设第一种：

①师生共同交流：察看水流和地形。挖通九条大河，劈开九座大山，引导洪水流入了大海。

②禹做这些事，我们一会儿就读完了。真的这么轻松吗？

你从哪里读出来的呢？学生读。

③第一处：学生读"他吃尽了千辛万苦，走遍了千山万水，仔细地察看水流和地形"。

④师追问：什么叫水流和地形？禹为什么要察看水流和地形？

（课件出示：我们的地球上有高山，有平地，那些高高低低的样子就叫地形；水从高处往低处流动，这就是水流。大禹仔细察看水流和地形目的就是在思考怎么治水才能更科学，更合理。）

⑤想象说话：禹为了治理洪水，可能吃了哪些苦？（没地方睡觉、摔伤、挨饿……）

评价：真是太辛苦了！请你读出禹的辛苦。

出示：千辛万苦　千山万水

师："吃尽了千辛万苦，走遍了千山万水"，从这里可以看出禹治理洪水很艰辛！像这样的词，你会说吗？（千（　）万（　））

（2）预设第二种：他还做了哪些事？

①"他带领老百姓挖通了九条大河，劈开了九座大山，引导洪水流入了大海。"

②他们是怎样挖通大河、劈开大山的？

③现在，人们使用现代化的工具和机器挖河、劈山，依然会遇到许多困难和危险。在古时候，没有先进的工具，禹拿什么劈开大山？原来有这多么辛苦和危险啊。再指读。

④这里的"九"指很多的意思，其实远远不止"九条大河、九座大山"啊！禹治水真是太辛苦了！

⑤男生齐读——（他带领老百姓挖通了九条大河，劈开了九座大山，引导洪水流入了大海）。

师：禹的父亲也治过水，他用了9年的时间，采用"堵"的方法，修筑堤坝。可是洪水来的时候，堤坝根本挡不住洪水，全被冲垮了。

⑥而大禹治水采用的方法是——（生：引导洪水流入大海）。

⑦跟父亲相比，禹治水的方法真是——

师：禹治水的方法真科学，让我们带着对禹的敬佩，齐读第二自然段。

四、指导写字

（出示：归 仔 细 代）这是我们刚才认识的4个生字，接下来，一起学着写一写。

1.仔细观察这4个生字，说说你们的发现。预设：（结构……）

2.师："归"竖画短，竖撇长，空白匀称才好看。"仔"中"子"的第二笔是竖钩，要写规范。"细"写得左高右低。"代"左低右高，右边横画略上斜，斜钩要长一点。

3.请同学们打开写字纸。写字前，老师提醒大家注意"头正，身直，臂开，足安，做到三个一"。听清要求：描一个，写一个。

展示评价：正确，端正（关键笔画写得好），整洁（不擦不改），他得了（　）颗星。

请同学们依据标准，同桌互评！

五、盘点收获，结课存疑

1.师：学到这里，我们认识了一个不怕辛苦、一心为民的禹。

引读1、2自然段：当……的时候，禹下定决心（要治理洪水）。他（吃尽了千辛万苦，走遍了千山万水），仔细地……经过多年的努力，洪水终于被制服了。（板书）

2.老百姓会怎样感激禹呢？又为什么称他为"大禹"呢？

3.课后，请把大禹治水的过程讲给家长听听。

【板书设计】

15　大禹治水

（　　）的洪水　　　　被制服

课例评点

　　《大禹治水》是一个传说故事，讲的是大禹为了治理洪水，为百姓造福，吃尽了千辛万苦，三过家门而不入，终于制服了洪水的事迹。全文共有4个自然段，配有4幅插图，形象地反映了课文的有关内容，有助于学生理解课文。课文篇幅短小，选材精当，作者从治水艰难和三过家门而不入两个方面表现了大禹制服洪水的顽强意志和不顾小家顾大家的献身精神。

　　教学中，吕老师能抓住文中一些关键词句，借助多媒体课件的直观形象画面，让学生充分动口、动脑，展开丰富想象，拓展学生思维的空间，然后在一次次的朗读中感受大禹制服洪水的顽强意志和献身精神，从而得到思想上的启迪、情感上的升华。下面详细谈谈看法：

一、迁情入境，引入教学

　　吕老师巧妙引入新课并完成第一自然段的教学，他是这样导入的：

　　（1）让学生观看洪水泛滥的情景，创设情境，让他们有直观的感受。

　　（2）在动画情境的渲染下提问：在这滔滔的洪水中，你看到了什么？有什么想说的？孩子们畅所欲言，有的说：我看到了滔滔的洪水淹没了农田，冲倒了房屋，老百姓无家可归，互相搀扶着四处去流浪，等等。然后通过引读的方式指导第一节的朗读，突出抓住"无家可归"，以及"滔滔"这两个词，充分感知滔滔洪水的可怕以及给人类带来的灾难。

二、读中想象，体会感情

　　课程标准指出，应让学生在积极主动的思维和情感活动中，加深理解和体验，有所感悟和思考。课文第二自然段用简练的几句话叙述了大禹治水的经过，教学中吕老师紧扣关键词"千辛万苦"，让学生想象大禹在治水的时候，遇到了哪些困难？学生的思维一下子活跃了，有的说："大禹满头是汗，也顾不得擦。"有的说："大禹遇到猛兽还要和猛兽作斗争。"老师适时引导学生说一说："为了治理洪水，大禹真是吃尽了千辛万苦，他渴了_____，饿了_____，累了_____，身上划出了_____，脚底磨出了_____……"在孩子的想象中大禹的形象逐渐饱满，在孩子的想象中孩子得到了真正的生活体验、情感体验。此时，让学生谈谈自己对大禹的看法。这样，大禹不怕吃苦、顽强治水的形象就在学生的脑海中刻下了深深的印记。在朗读过程中，教师也适时地点出表现大禹治水辛苦的词"吃尽""千辛万苦""走遍""千山万水""九条大河""九座大山"。学生通过反复朗读，细细体会大禹治水的辛苦和不屈不挠的精神。

纵观吕老师的课堂教学，我觉得他抓住了低年级语文教学目标，紧紧扣住"识字、写字、朗读"这些教学内容组织教学，把大量时间放在识字写字、词语理解、课文朗读等低年级重点教学内容上。字词教学扎实，在课堂中进行生字学习方法的渗透，对激发孩子的识字兴趣以及方法的引领，都具有深远的影响。另外，朗读训练充分，教学效率就会很高。

当然，也要关注课堂的生成。在课堂上，随时会有学生灵光的闪现，如何抓住学生的这些语言，将它们与理解文本很好地结合，这是吕老师在今后的教学中需要仔细研究和学习的。

（本课例参加2017年滁州市小学语文课堂教学(阅读类)评比，荣获一等奖，吕茂东执教，董秀清、许玲玲指导，李玉勤评点。本课例写于2017年11月。）

主要参考文献

[1]中华人民共和国教育部.义务教育语文课程标准(2011年版)[M].北京:北京师范大学出版社,2012.

[2]张亚,杨道宇.基于核心素养导向的小学语文教学[J].教育探索,2016(10):21-24.

[3]李勤.核心素养语境下的小学语文教学思维转向[J].七彩语文(教师论坛),2016(9):8-12.

[4]单中惠.现代教育的探索——杜威与实用主义教育思想[M].北京:人民教育出版社,2002.

[5]约翰·杜威.民主主义与教育[M].王承绪,译.北京:人民教育出版社,1990.

[6]郭思乐.教育走向生本[M].北京:人民教育出版社,2001.

[7]李海林.谈谈语文教材的语文性[J].语文教学通讯,2005(32):9-11.

[8]骞志海,郭俊峰.浅谈比较阅读在教学中的作用[J].昭乌达蒙族师专学报,1995,16(3):83-86.

[9]栾雪梅.语文知识:距离学生有多远——兼论教师合理选择语文知识的必要性[J].语文教学通讯(初中刊),2007(10):14-16.

[10]潘文彬.用语文的方式教语文——潘文彬教学主张与实践智慧[M].南京:江苏教育出版社,2012.

[11]薛法根.为言语智能而教[M].北京:教育科学出版社,2016.

[12]王海燕,魏尉.语文阅读教学策略研究[M].天津:南开大学出版社,2015.

[13]王晓平.小学阅读理解策略教学研究[M].哈尔滨:黑龙江大学出版社,2009.

[14]崔峦.提高小学语文阅读教学实效性的十项策略[J].天津教育,2007(11):14-16.

[15]李万岭.新课标理念下小语课堂教学的一些思考[J].教育实践与研究,2010(7A):29-30.

［16］陈先云.小学语文核心素养清单［J］.小学语文,2017(C1):1.

［17］陶文慧.以生为本视角下的小学语文童话阅读教学分析［J］.教育界,2015(20):132.

［18］黄慧.小学语文散文教学研究［D］.石家庄:河北师范大学,2014.

后　记

　　小时候，很得母亲的疼爱。母亲是农村人，不识字，却很关心我的成长，把我当做她的未来，她的命根子。母亲很迷信，每隔几年都要找瞎子给我算命。小时候，我很顽皮，除了语文成绩好，作文写得好，其他学科成绩很一般。母亲跟我说，你要好好学，我找瞎子算过了，你是"捧国家碗吃皇粮"的。后来当老师了，母亲又跟我说，好好教书，你有贵人相助。在后来的工作中，我有了多次最美的遇见：

　　引领我步入教研之路的陶发奎老师，对我要求严格的王丽华老师，无数次给我鼓励和帮助的胡晓燕老师，还有在教学业务上和我共同成长的一批天长教育界的小语人，以及《义务教育语文课程标准（2011年版）》的出台、核心素养的提出、徽派语文的诞生……这些人和事都是我最美的遇见！

　　母亲是迷信的，我认为勤奋才会有贵人相助。我第一次在全市公开课教学中上《渡船》一课时，为了给课文录音，月工资200多元的我，去南京买了630元的熊猫牌双卡录音机，夜深人静时，给课文配乐录音。一个美丽的黄昏，校长转给我一个做梦也没有想到的好消息，我的论文《激发兴趣，提高课堂教学效率》获滁州市一等奖。这在天长尚属首例，县教研室陶老师亲自送获奖证书到平安小学，那是我花了近一个月才完成的作品。再后来，我这个边远乡镇的农村教师，独自一人背着小黑板，去县城参加教学大赛，去省城参加安徽省首届"教坛新星"评选，屡获佳绩。天长电视台、滁州教育电视台对我作了15分钟的先进事迹报道。一时，我成了当地教育界的"名人"。几经努力，2008年，我评上了小学段为数不多的中学高级教师。刚有慵懒心态的我，得到胡晓燕老师的鼓励和鞭策，向特级教师冲刺！2016年，在胡老师的指导和帮助下，我如愿以偿，被评为安徽省特级教师。一路走来，一路辛劳，付出的是汗水，收获的是喜悦！

　　"千里马常有，而伯乐不常有"，我却要说，在语文教学中，正是一匹匹千里马，成就了我。代表滁州参加全国苏教版课堂教学大赛获特等奖的周丽娟老师、

后

记

185

许玲玲老师、刘群老师，获省一等奖的董秀清老师、蔡玲玲老师……是他（她）们的努力和付出，使我的教研之路走得踏实、宽广。30年的教研工作，无数次走进课堂，那师生互动、书声琅琅、议论纷纷、情意浓浓，深深地印刻在我的记忆深处。每次听过课，磨过课，赛过课，都有一种把课中精彩的瞬间、最深的体会书写下来的冲动，今天终于拙笔成文。

本书源于实践，以2014年教育部颁布的《关于全面深化课程改革落实立德树人根本任务的意见》中提出的"立德树人，培养学生核心素养"为指针，以语文课程标准为依据，结合本人30年来的语文教学实践与研究，反思课堂教学，探寻小学语文阅读教学的变革之路，从教学理念的转变、教材内容的整合、教学程序的安排、教学策略的优化、课堂模式的建构、文体类型的涵泳等方面阐释小学阅读教学的精要，并将指导青年教师参加各类教学大赛的典型课例整理出来，以飨读者。

这里要感谢董秀清等一批天长小语人为本书所做的工作！尤其感谢胡晓燕老师一直以来对我的关心和帮助！

由于才疏学浅，书中难免有不当和疏漏之处，敬请教育专家、学者和广大教师批评指正，以求完善。

李玉勤

2018年1月16日